I0480917

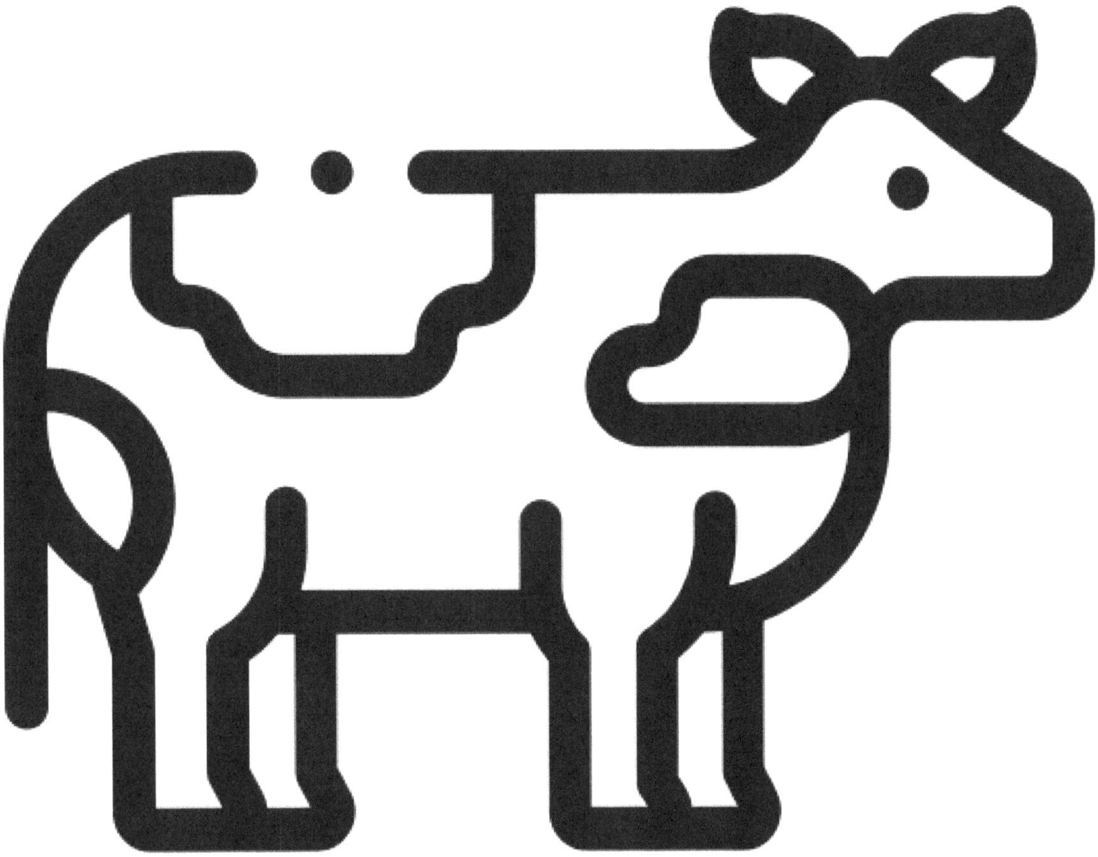

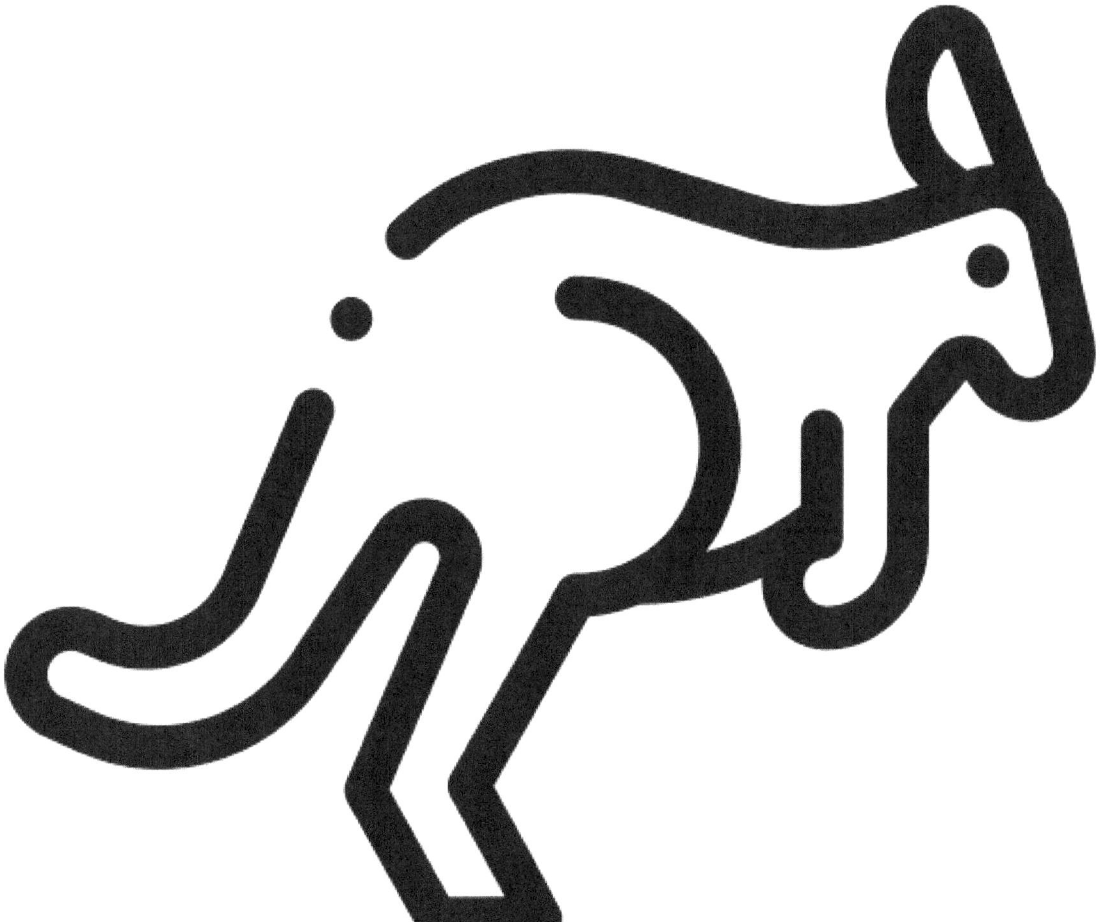

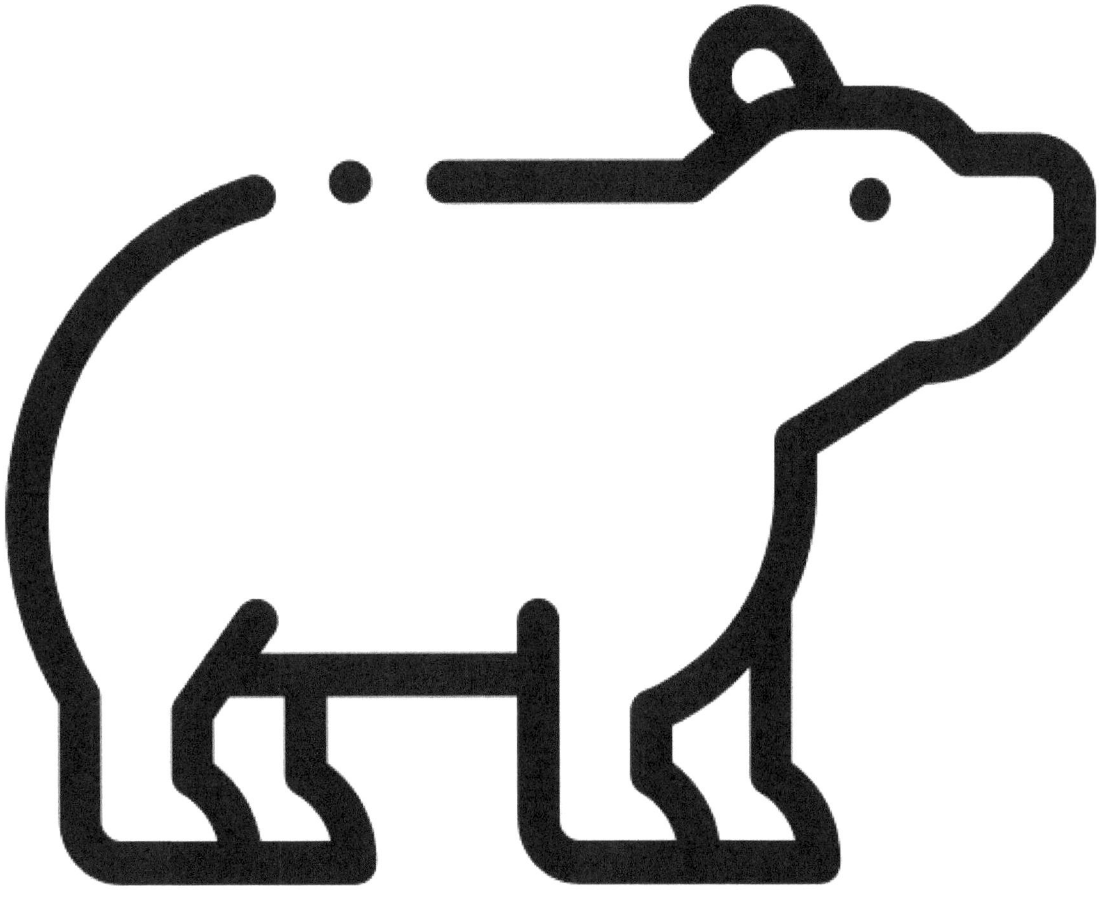

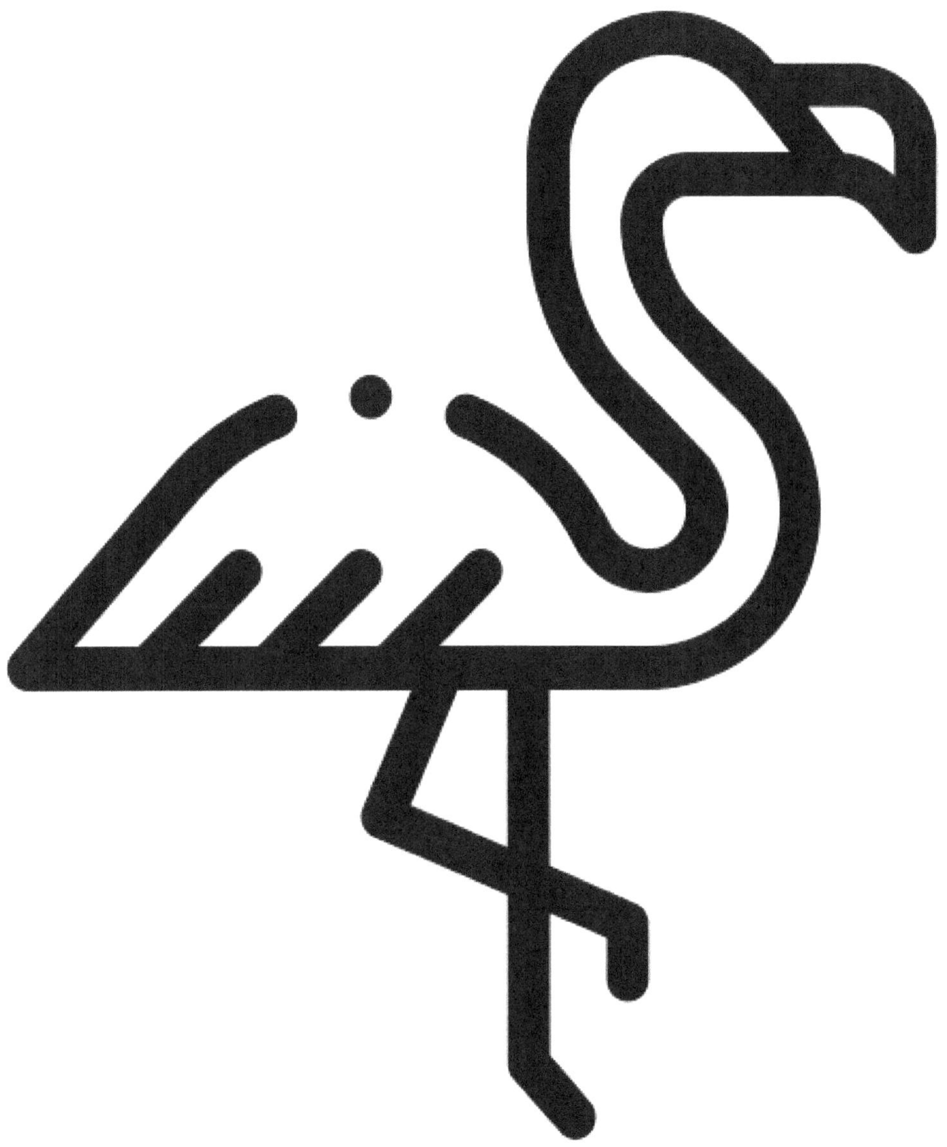

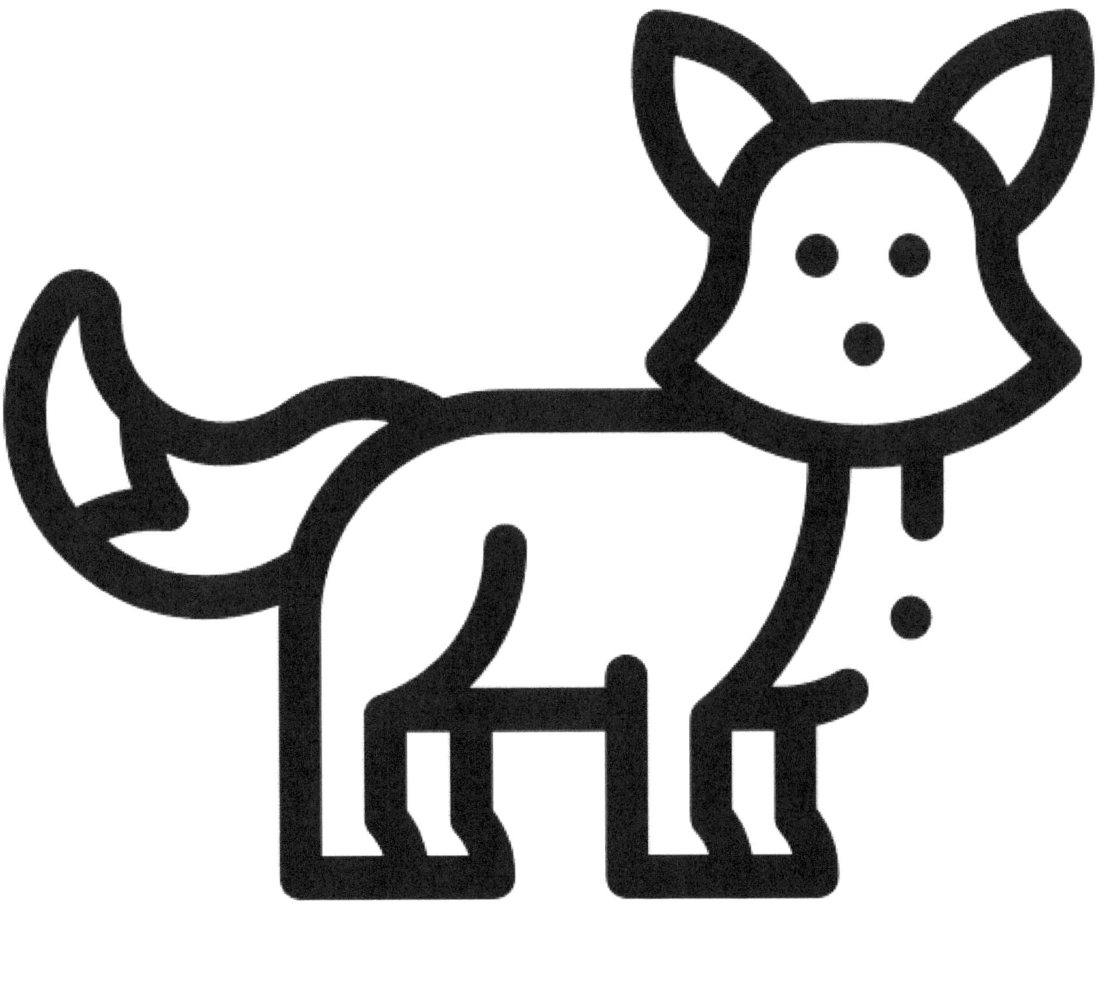

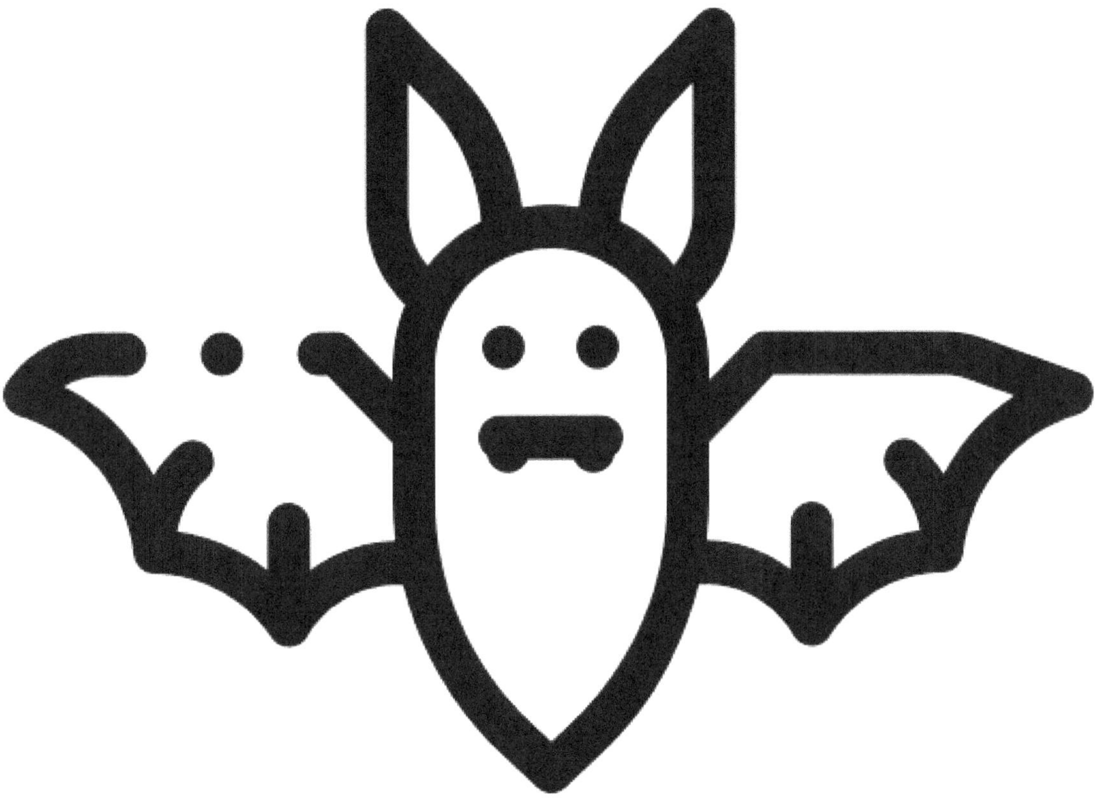

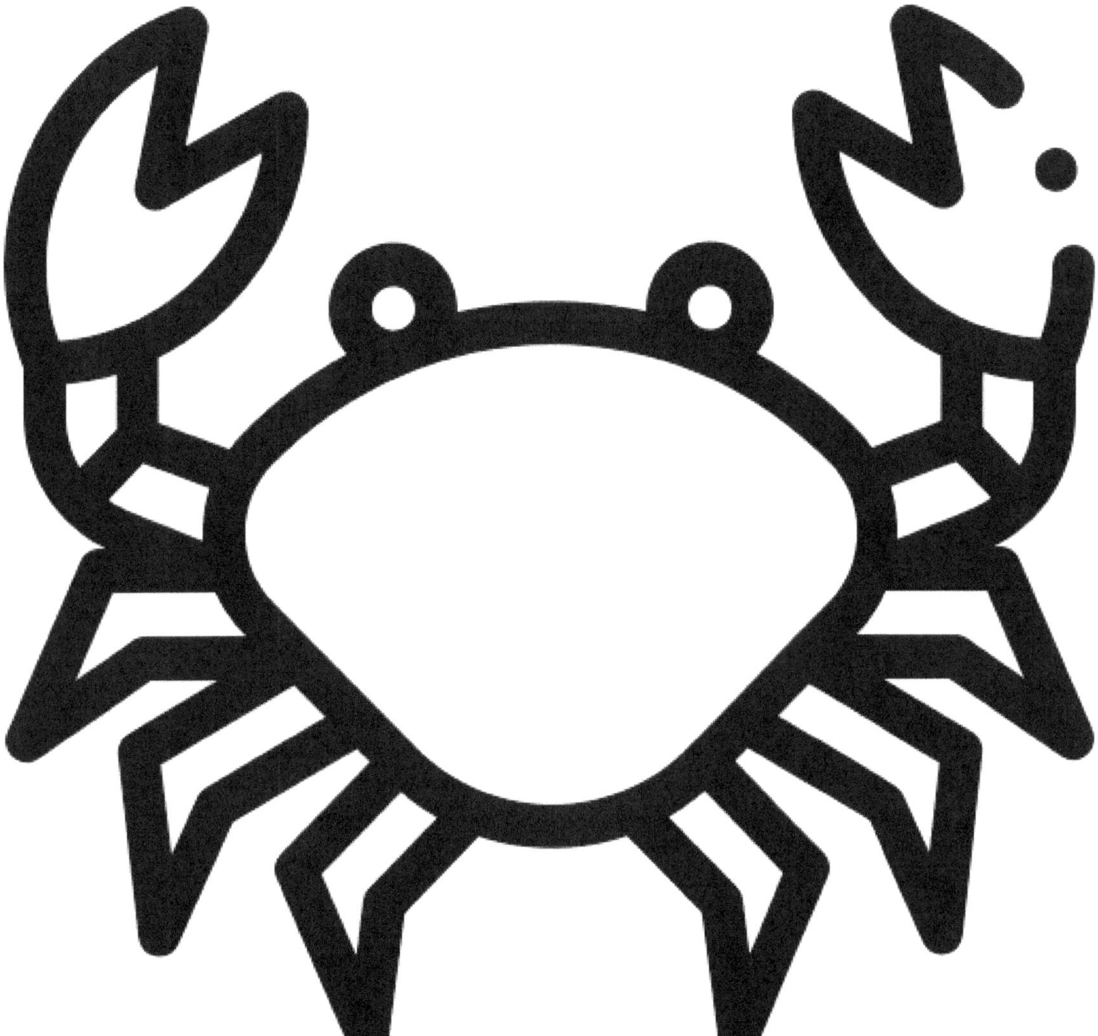

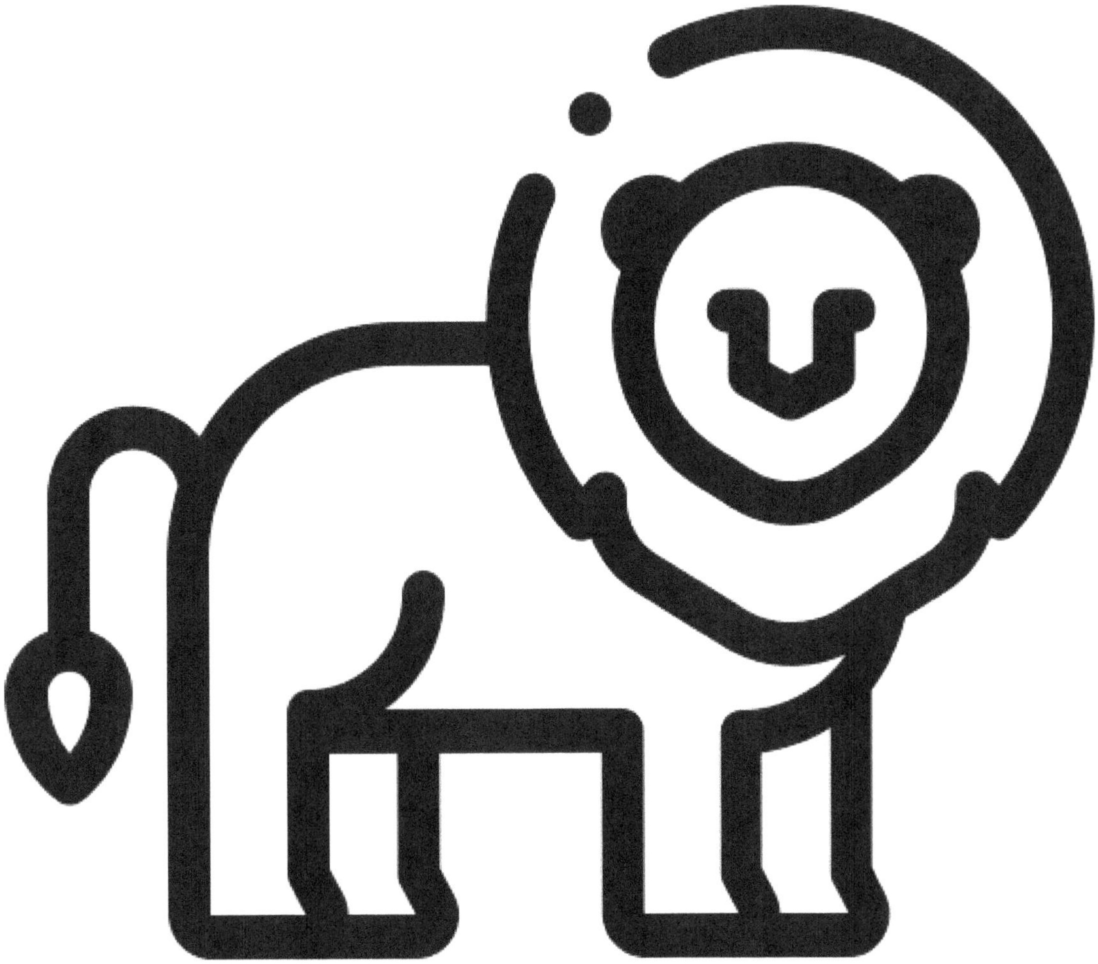

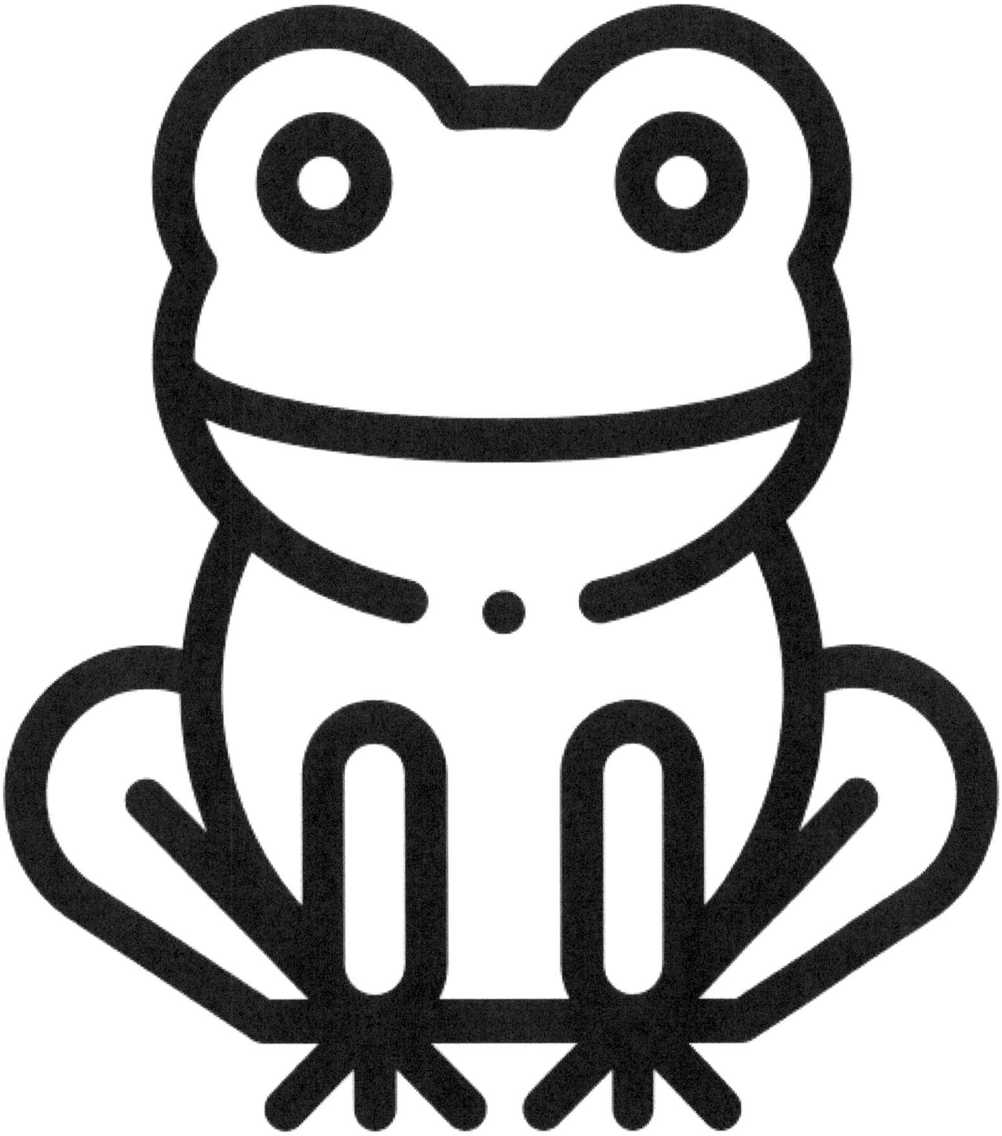

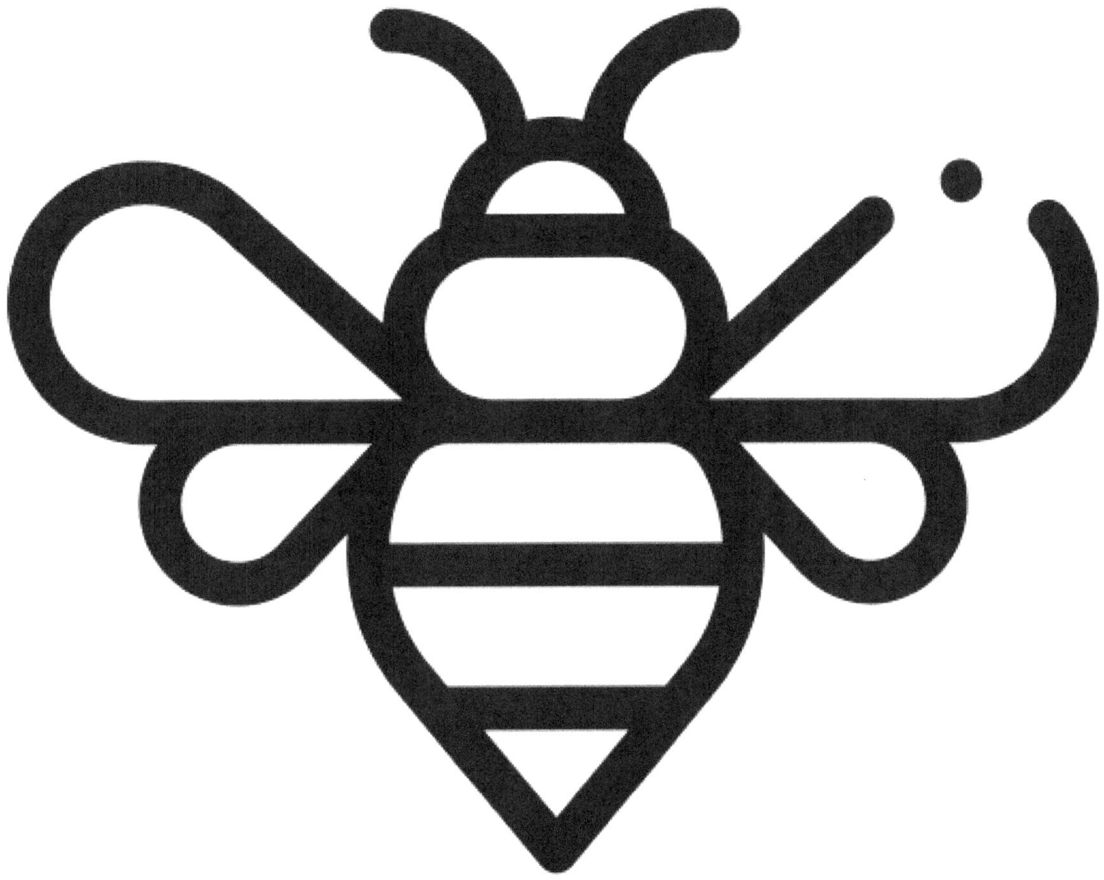

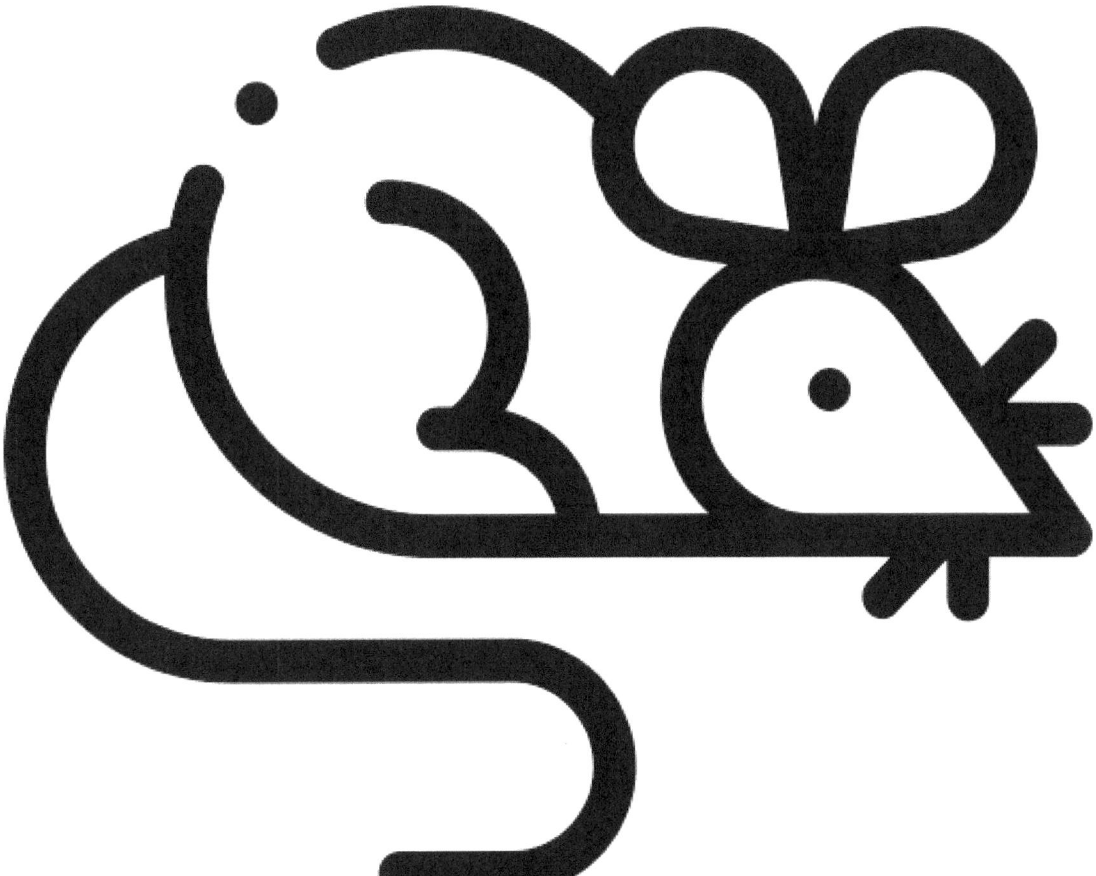

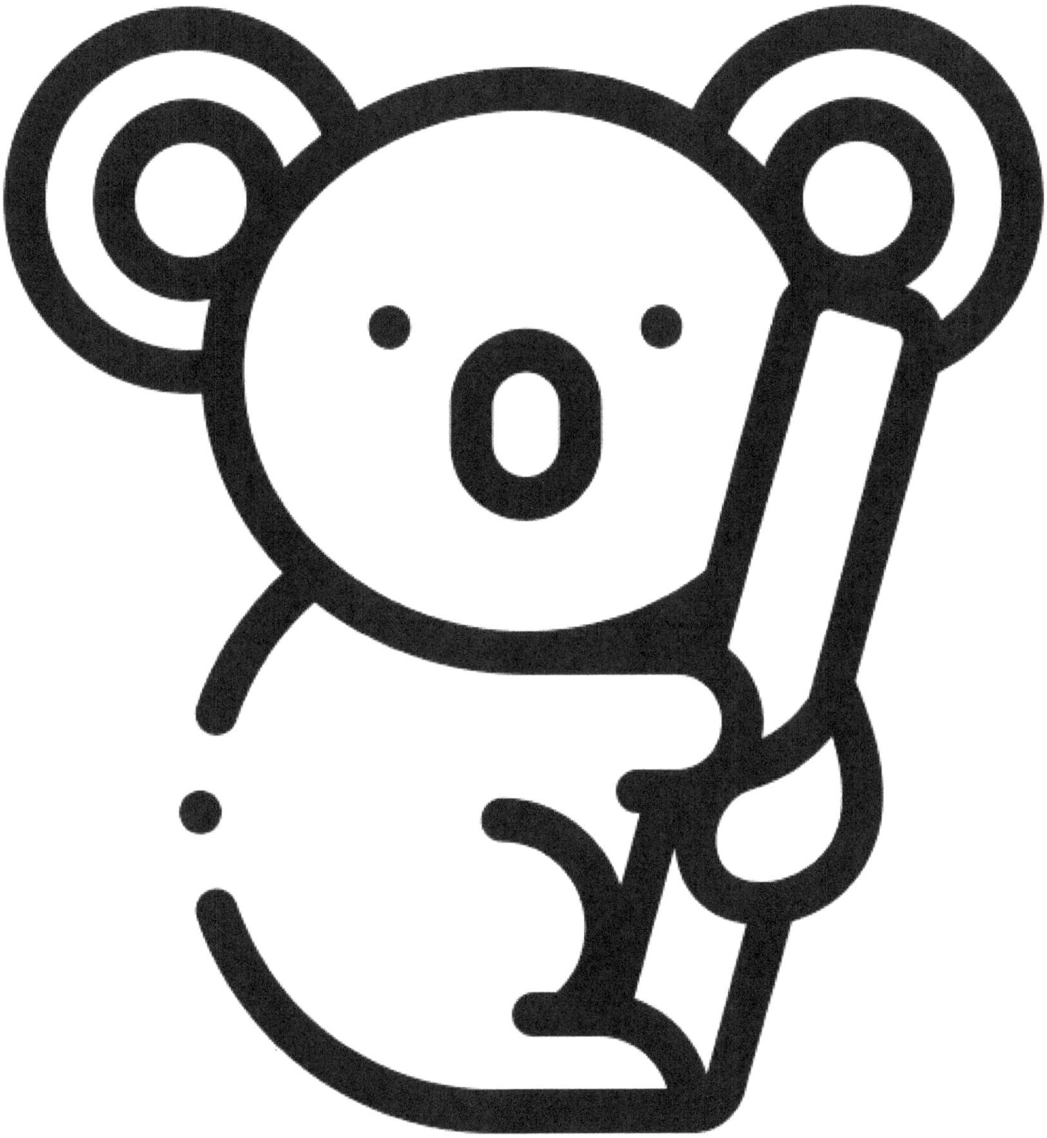

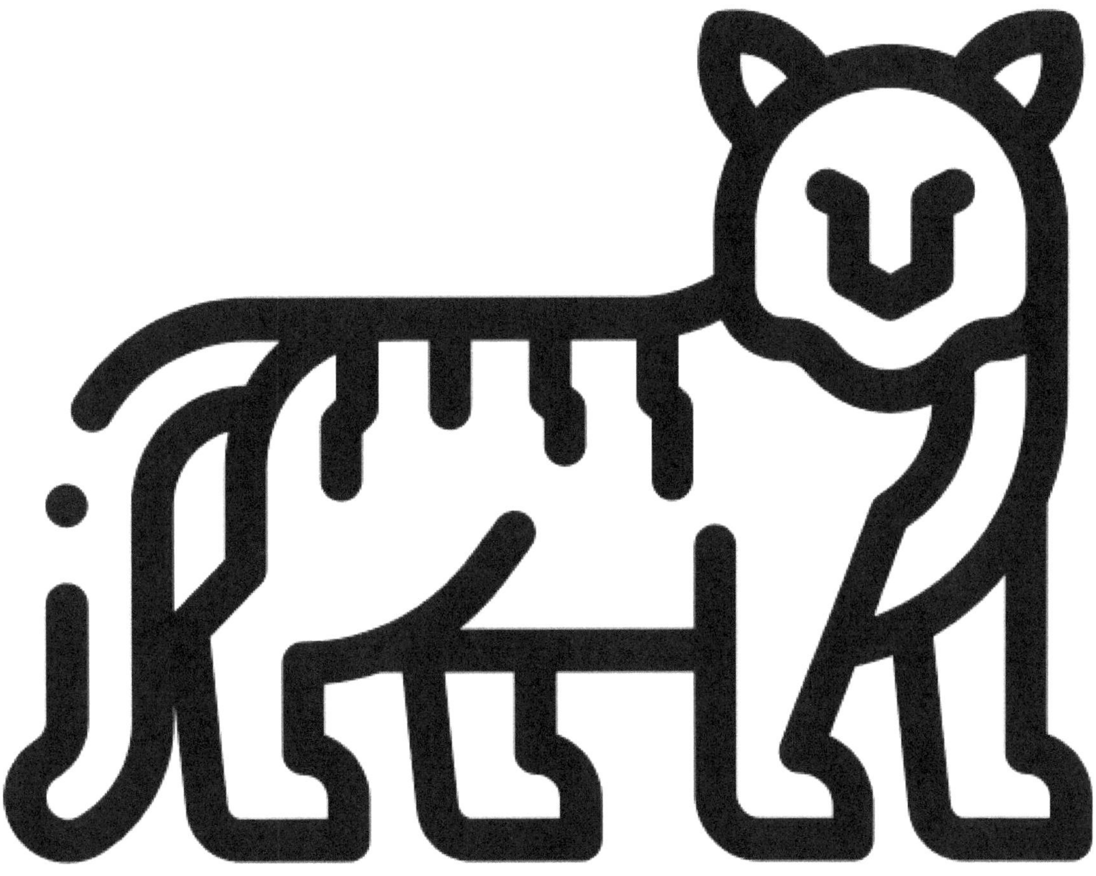

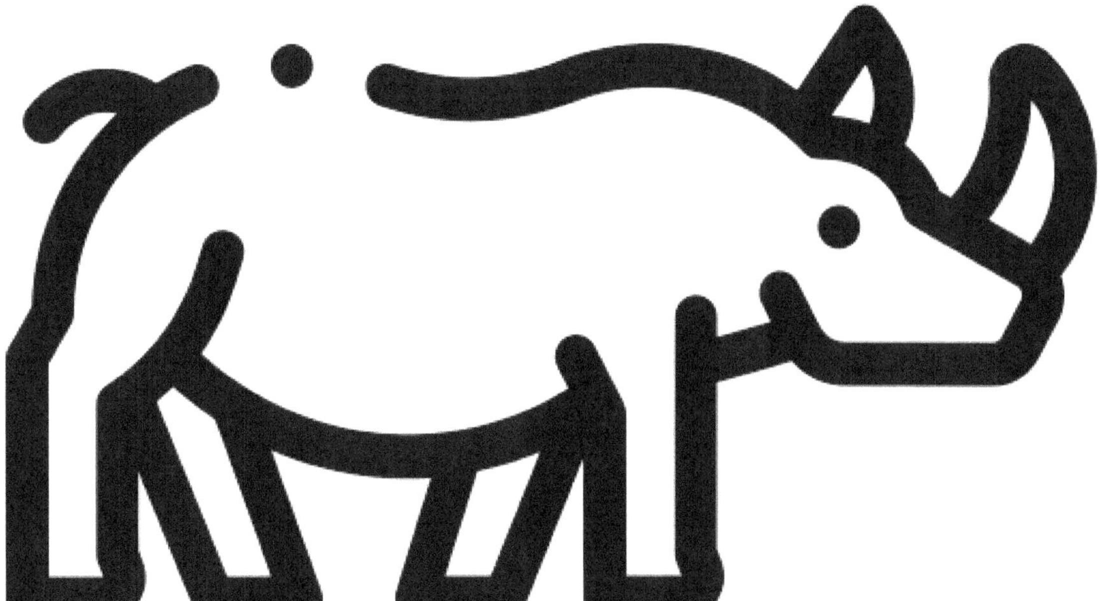

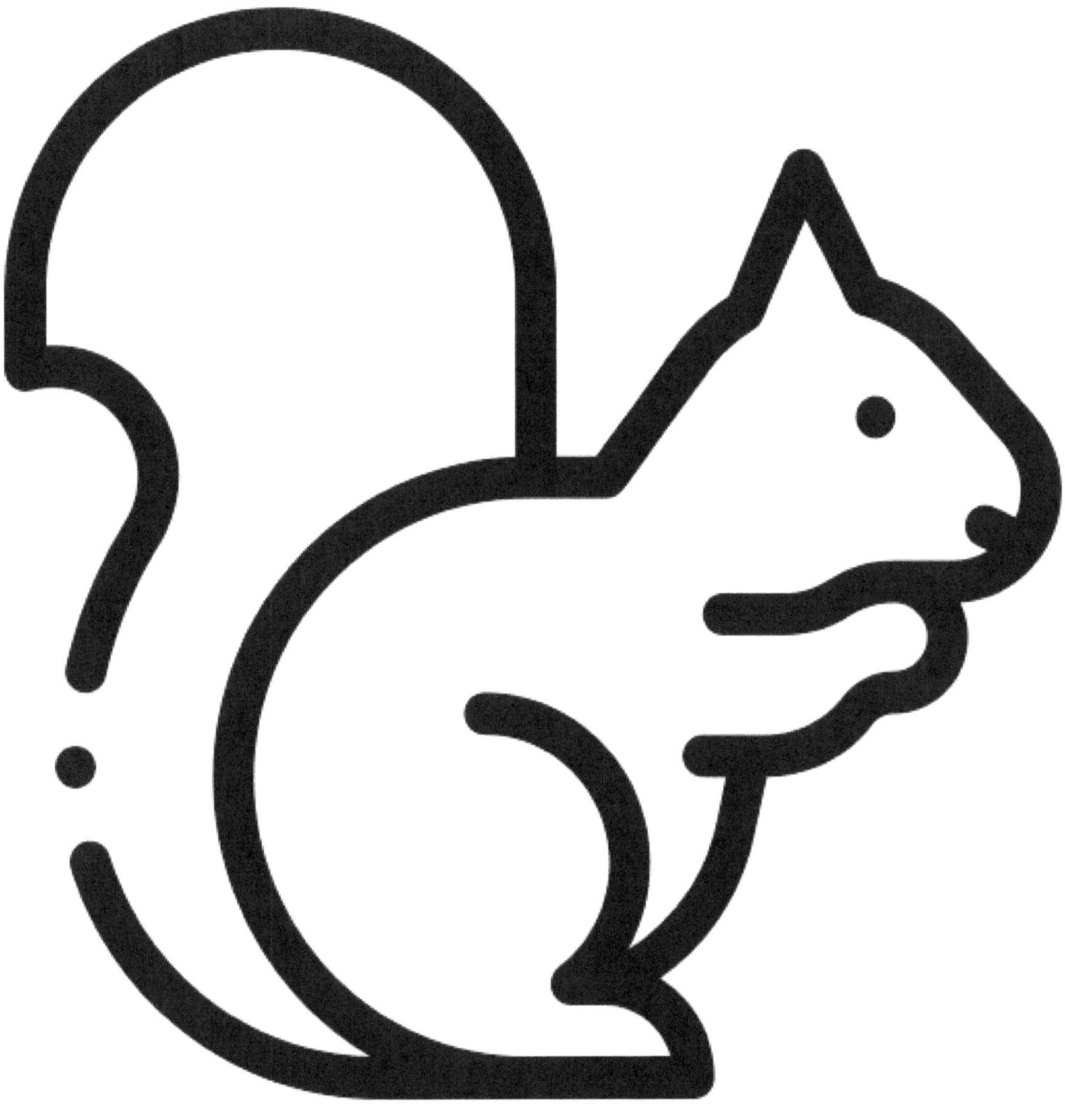

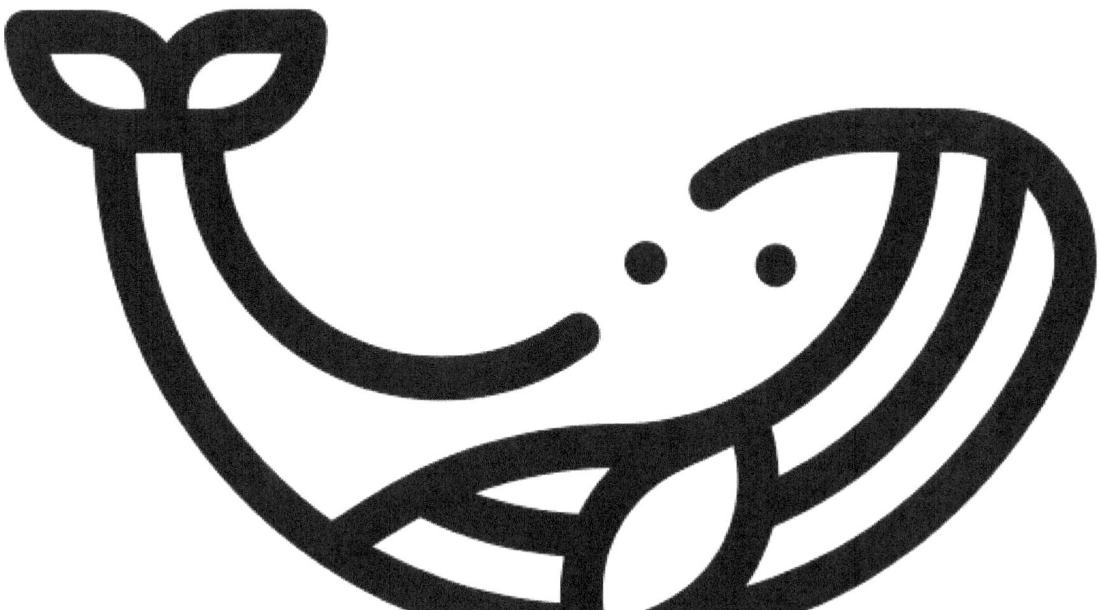

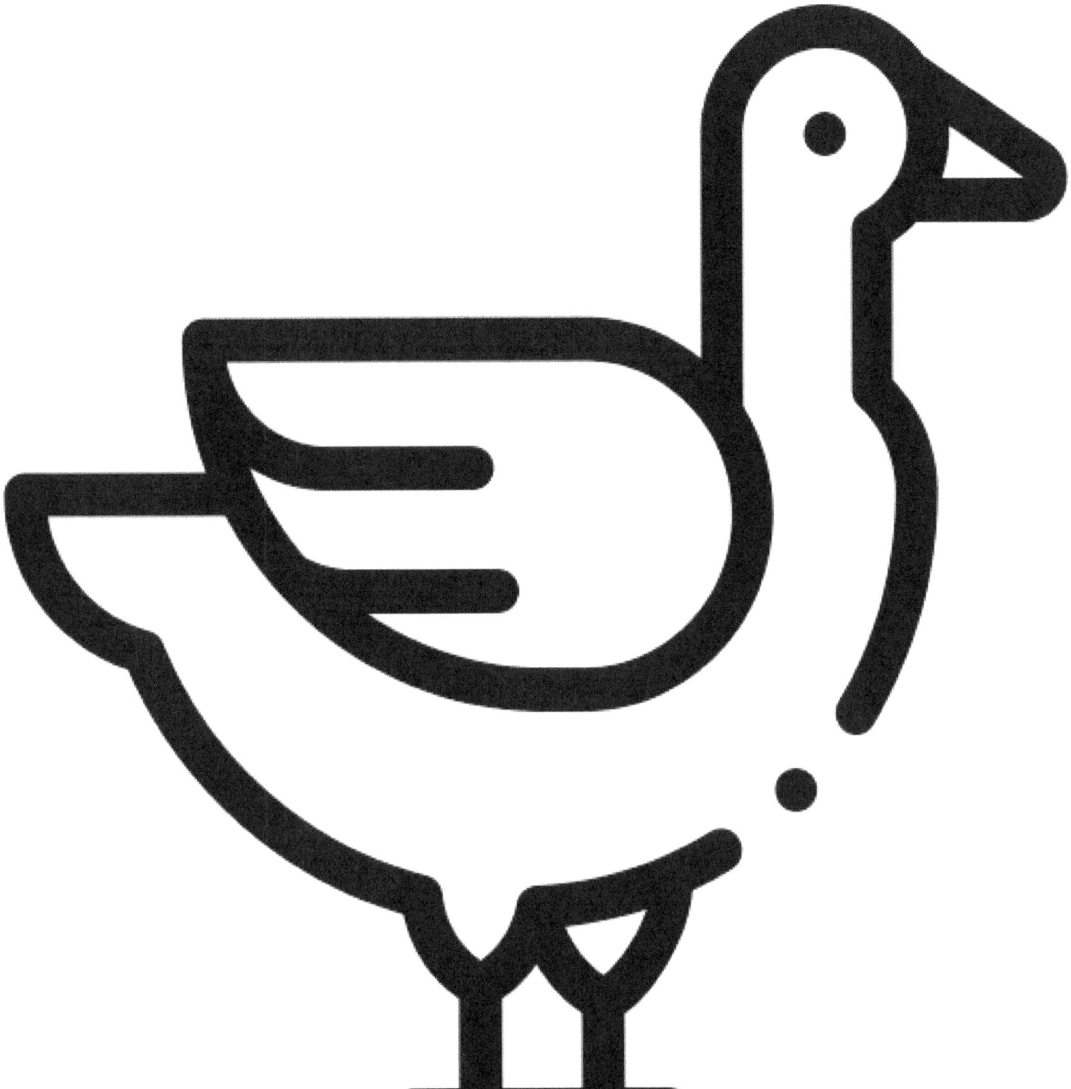

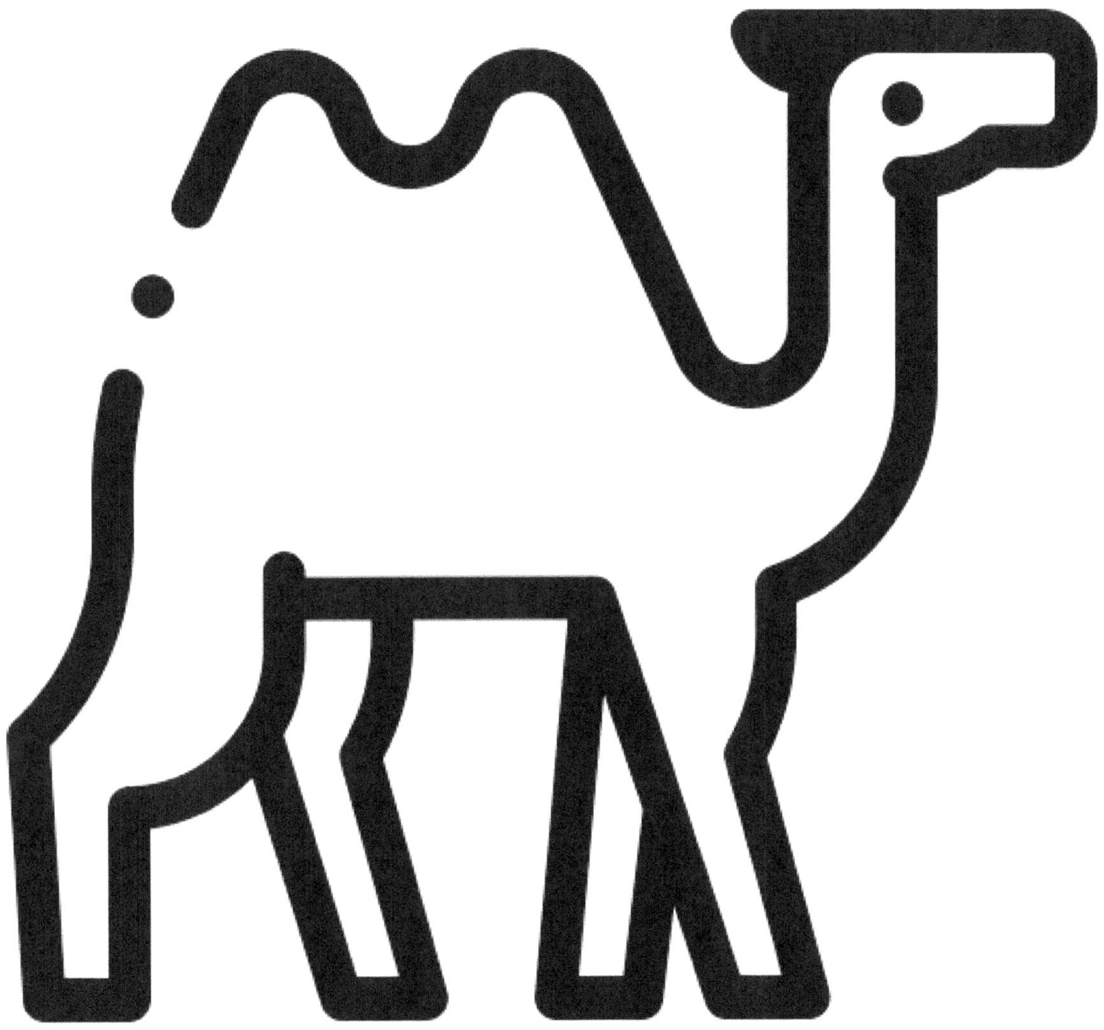

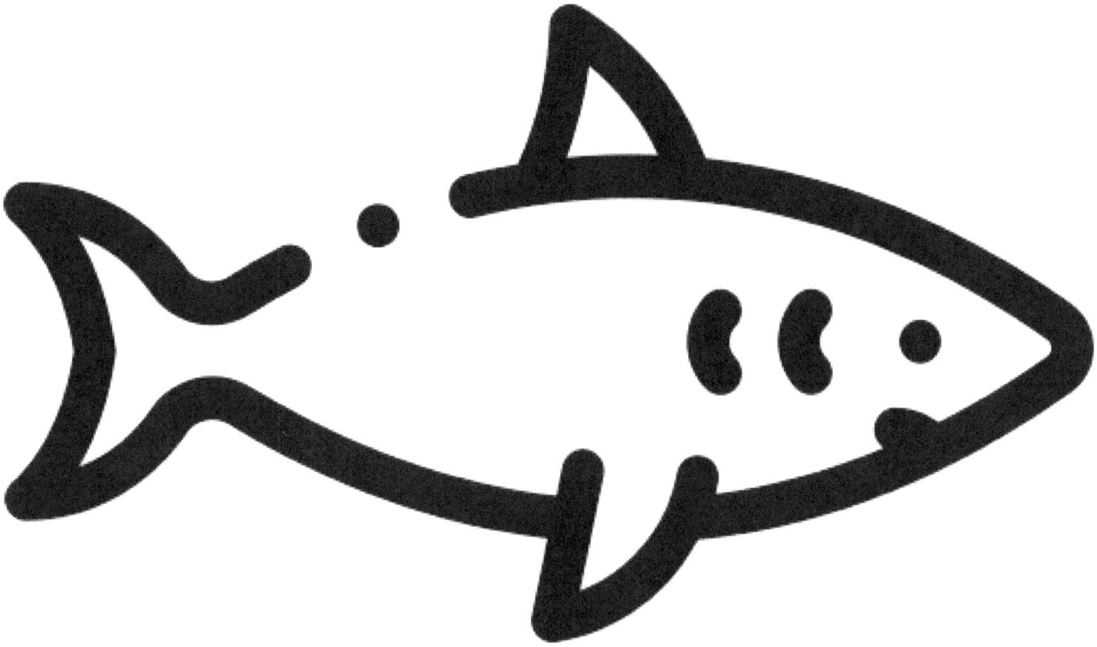

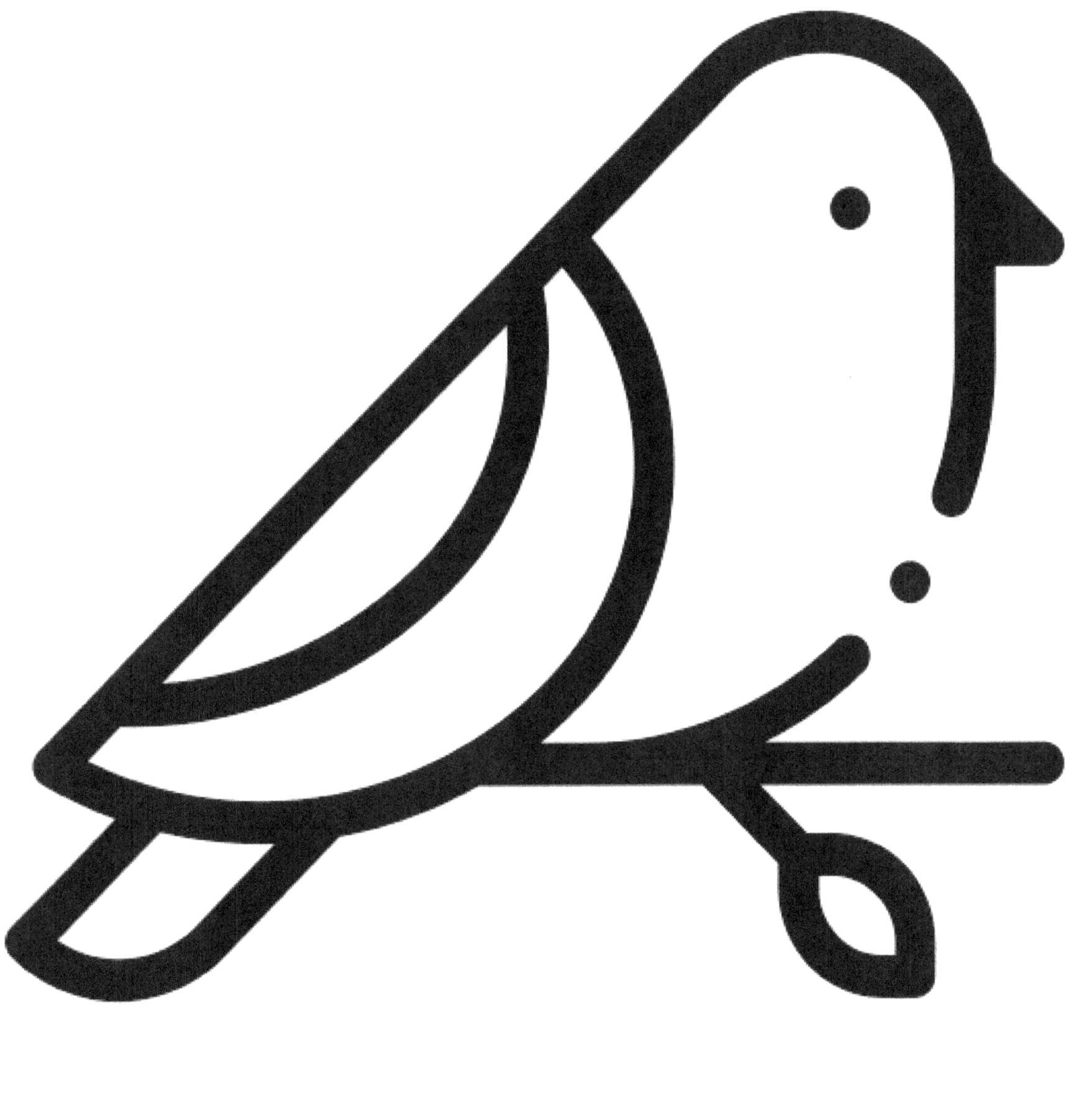

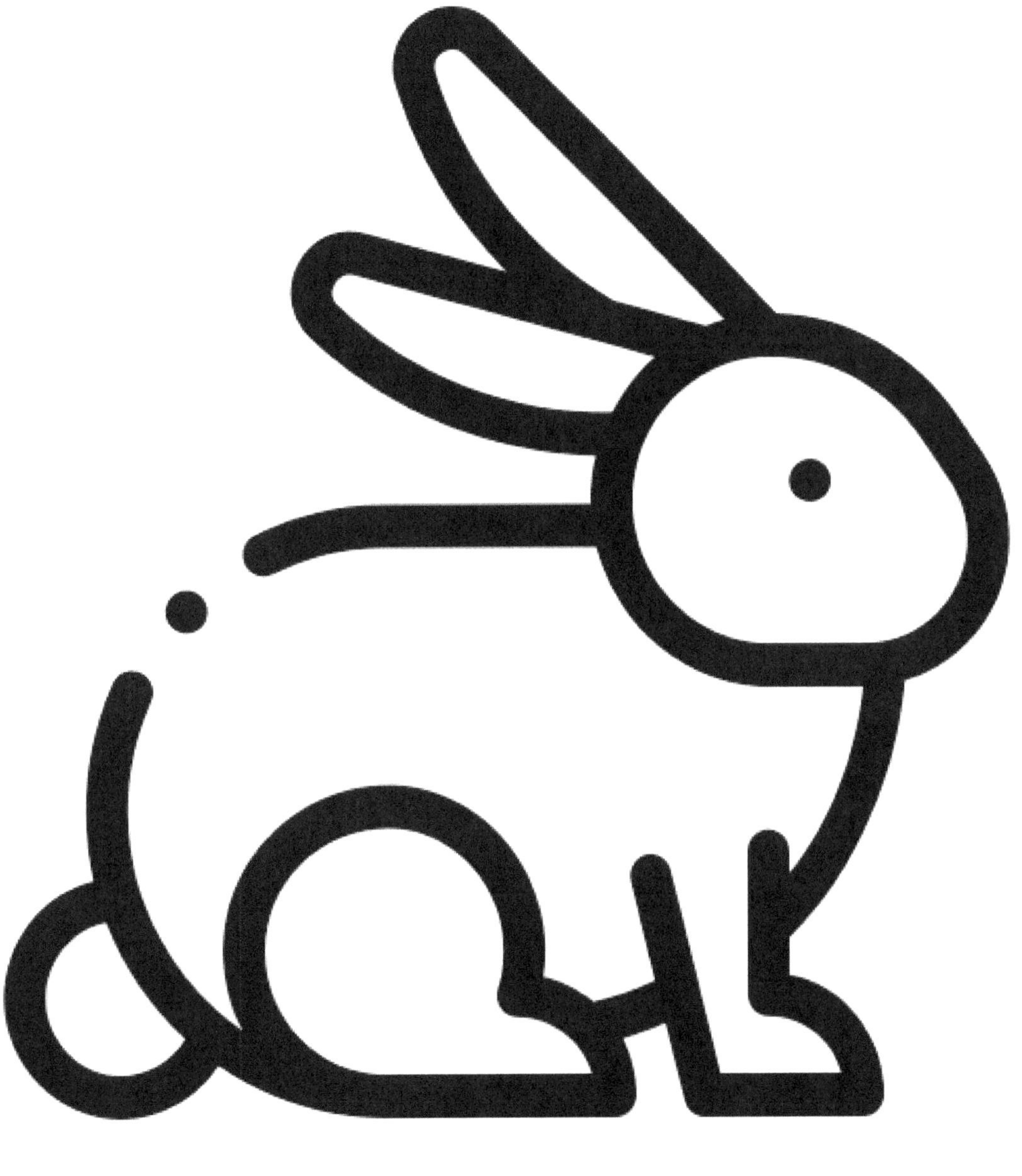

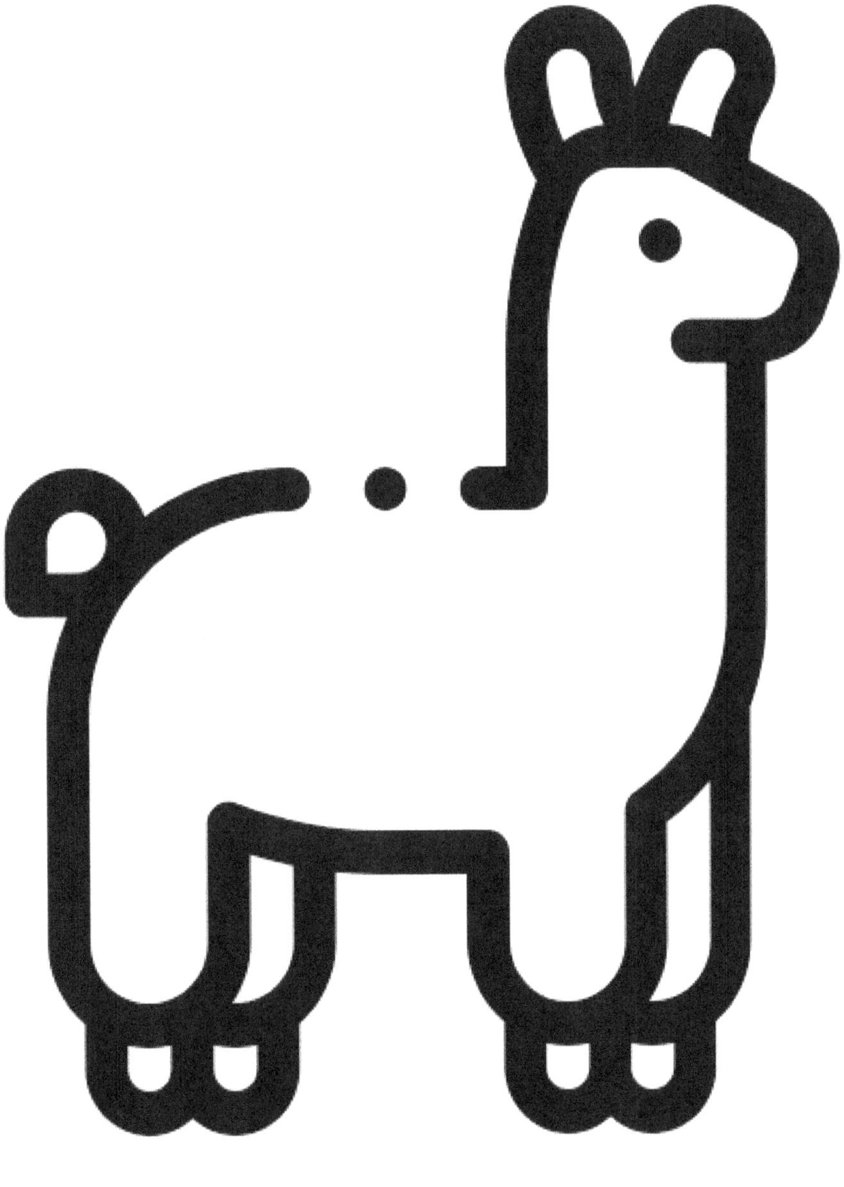

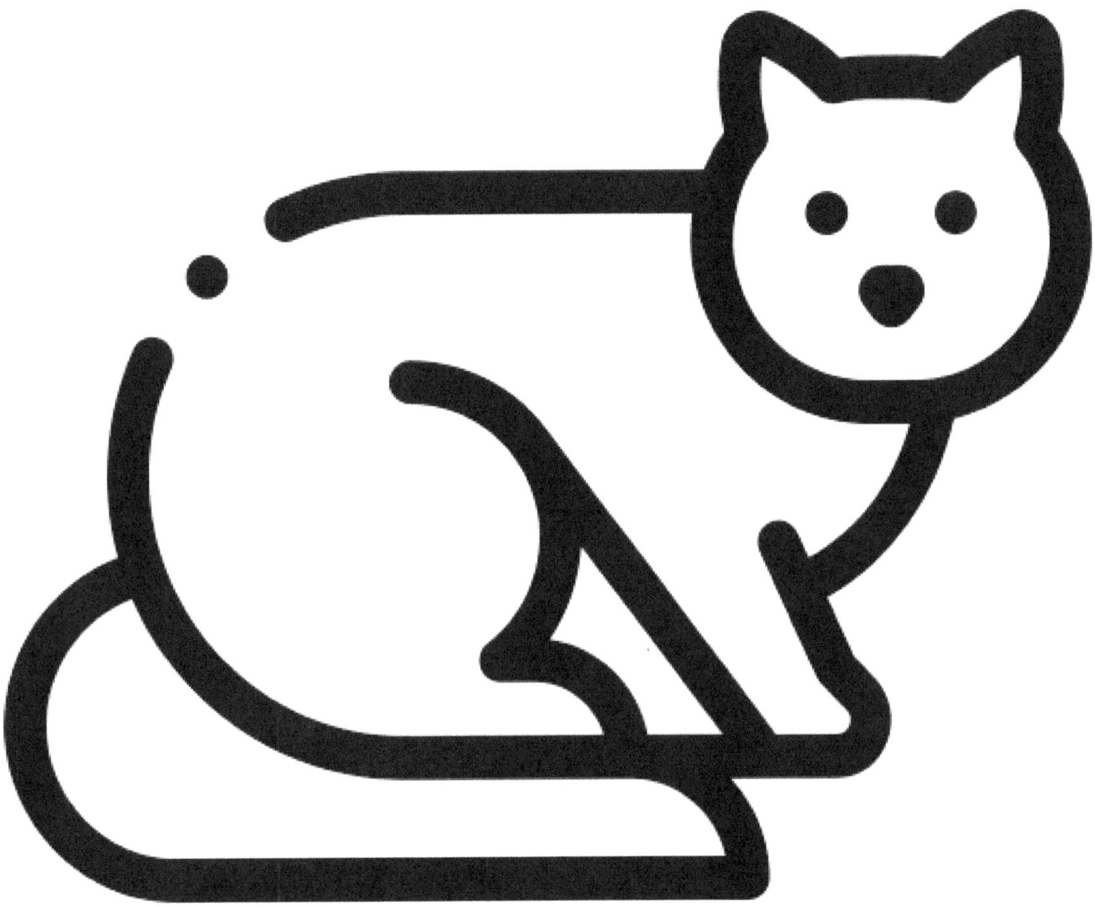

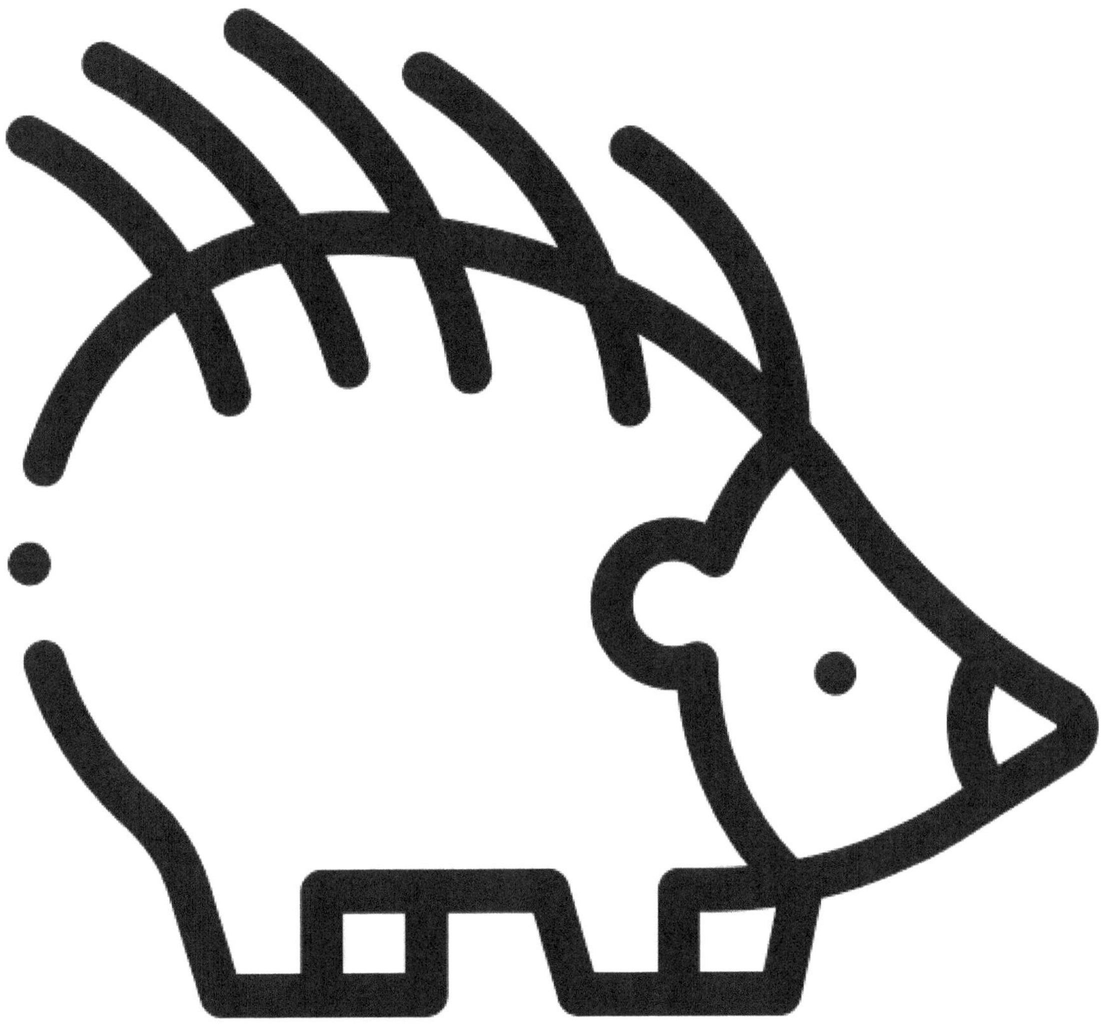

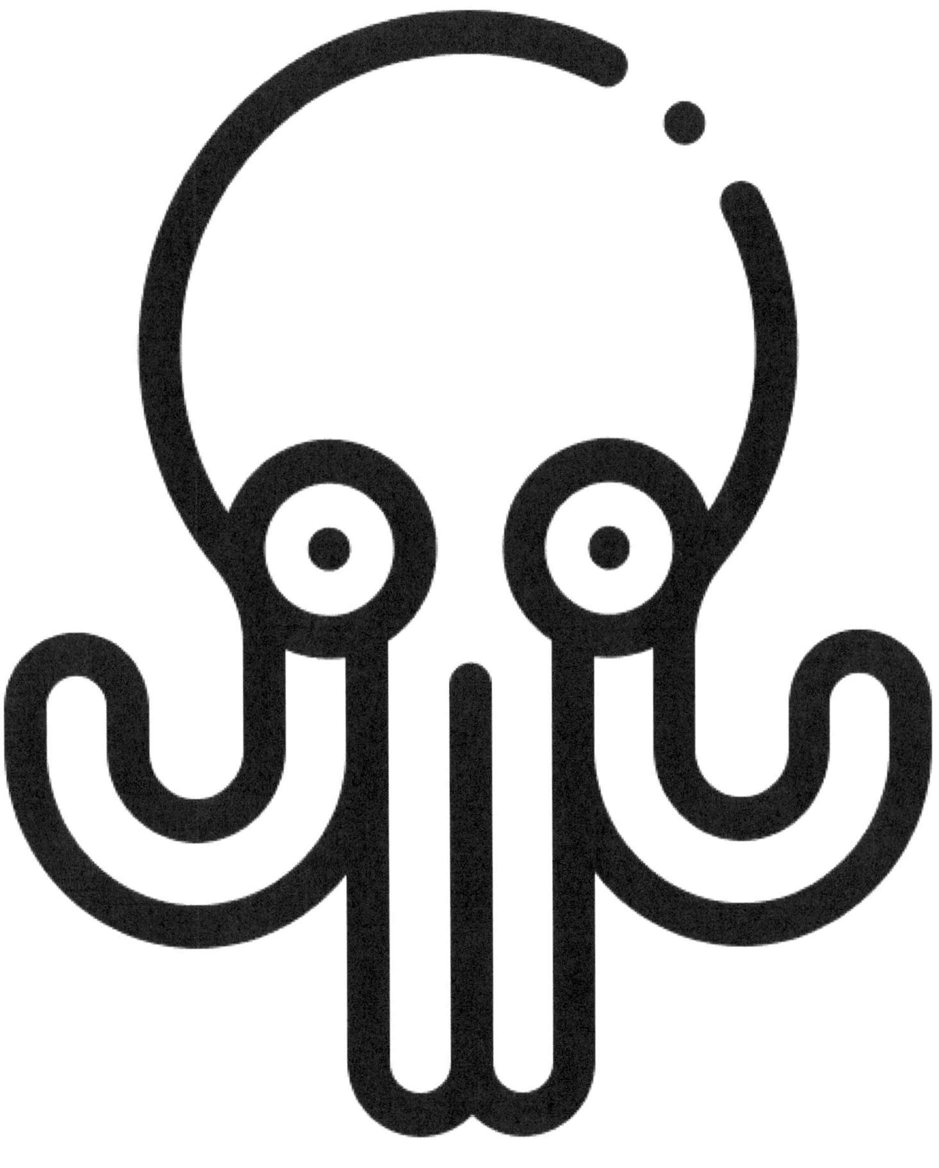

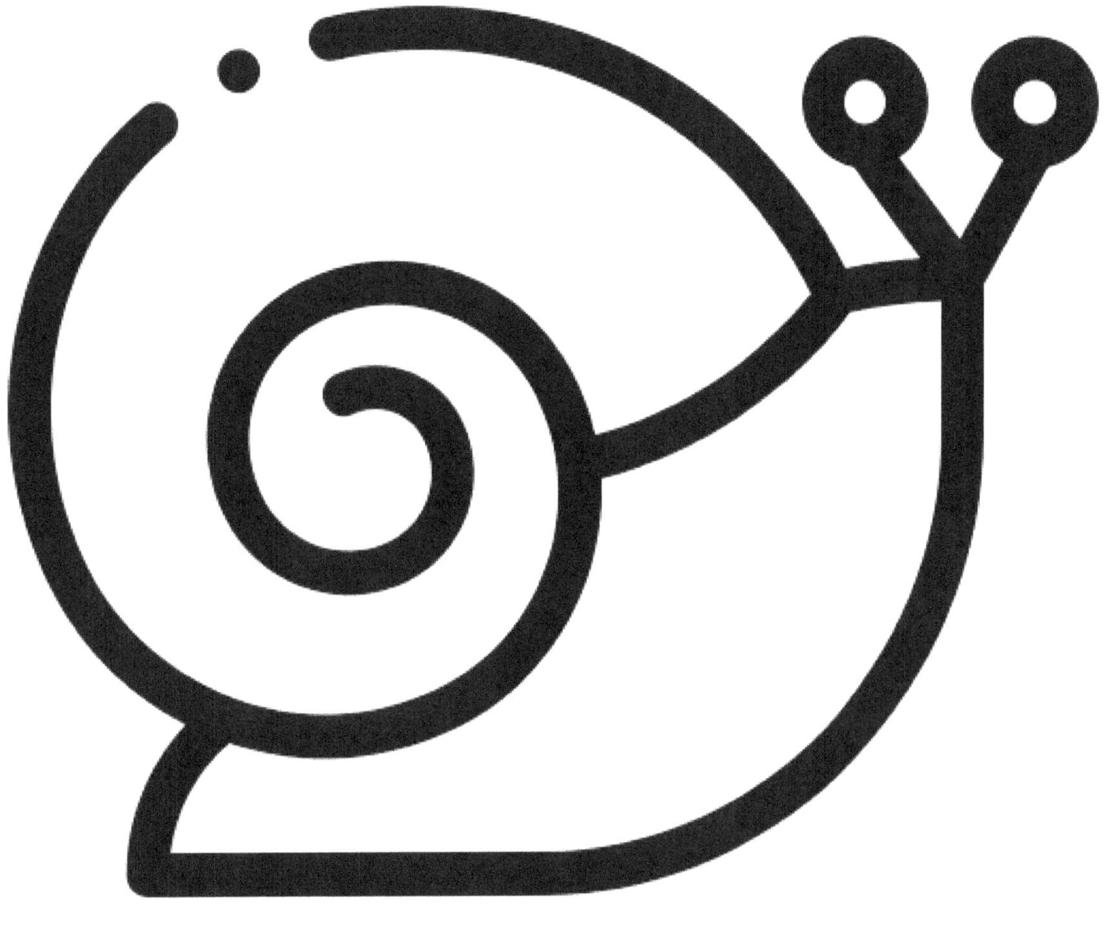

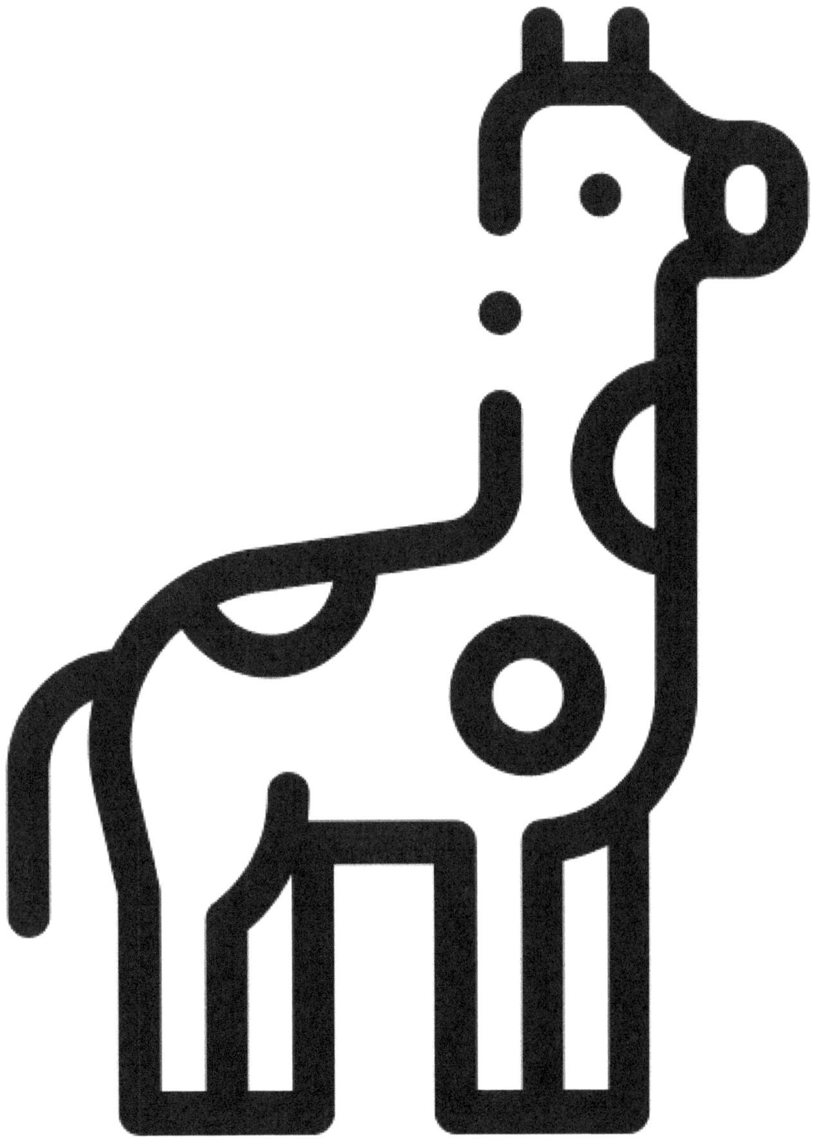

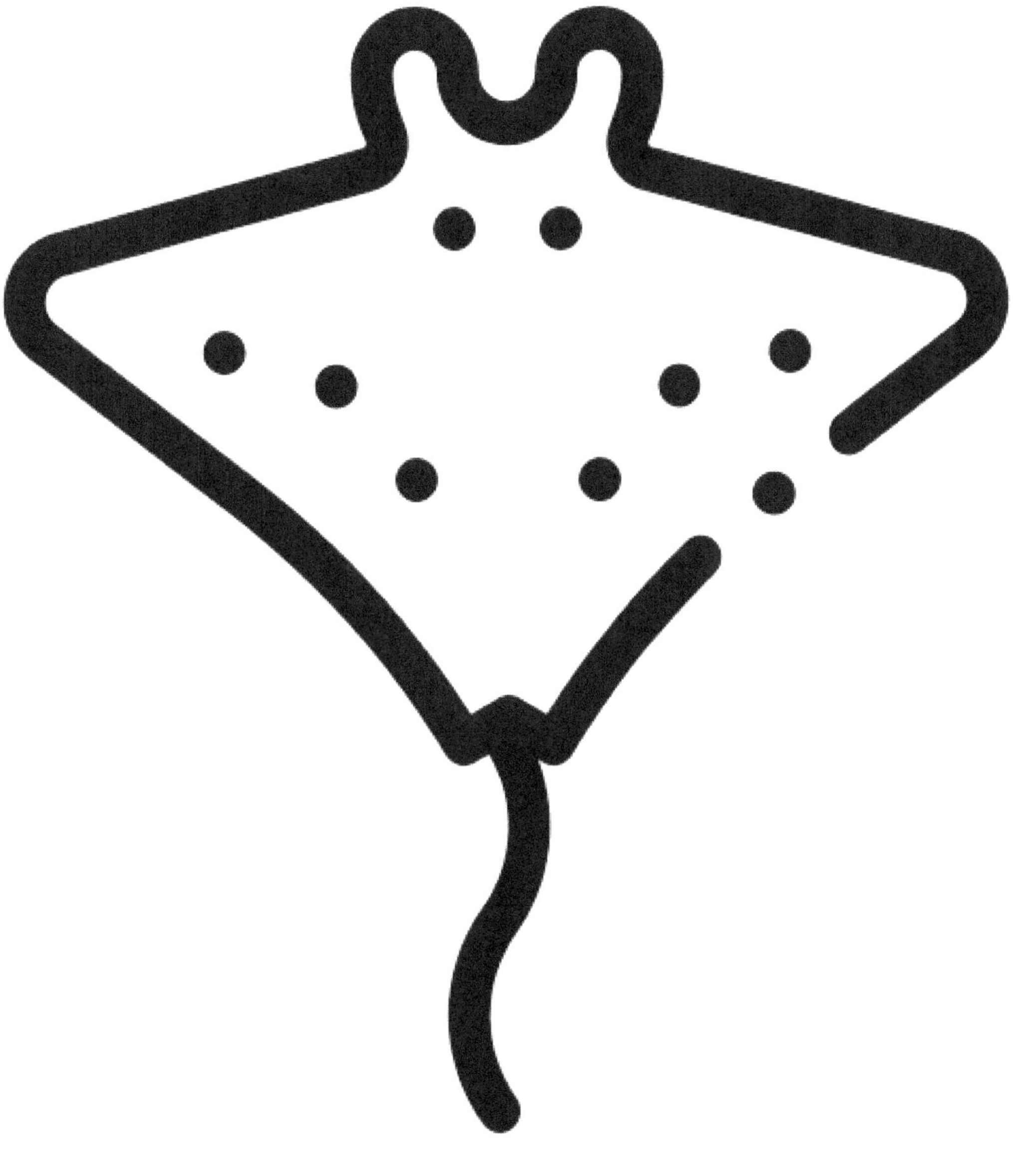

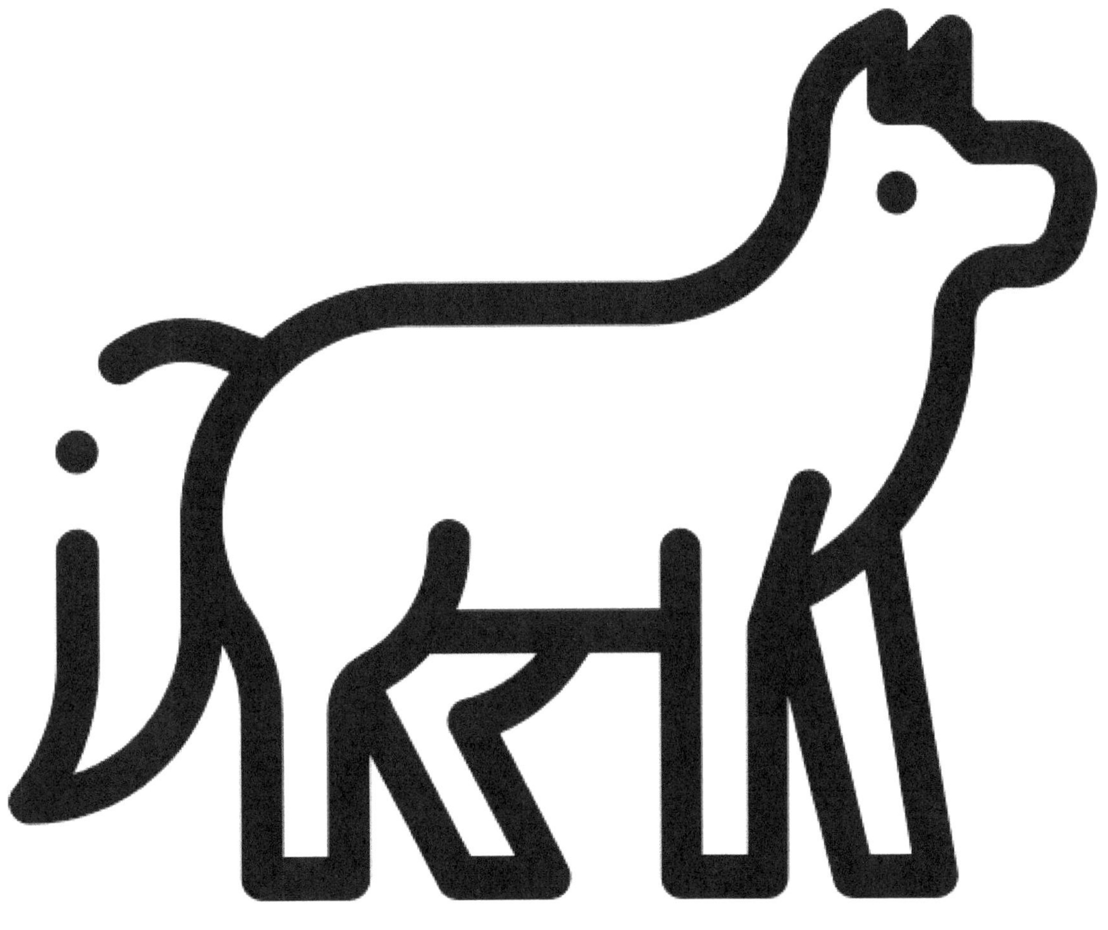

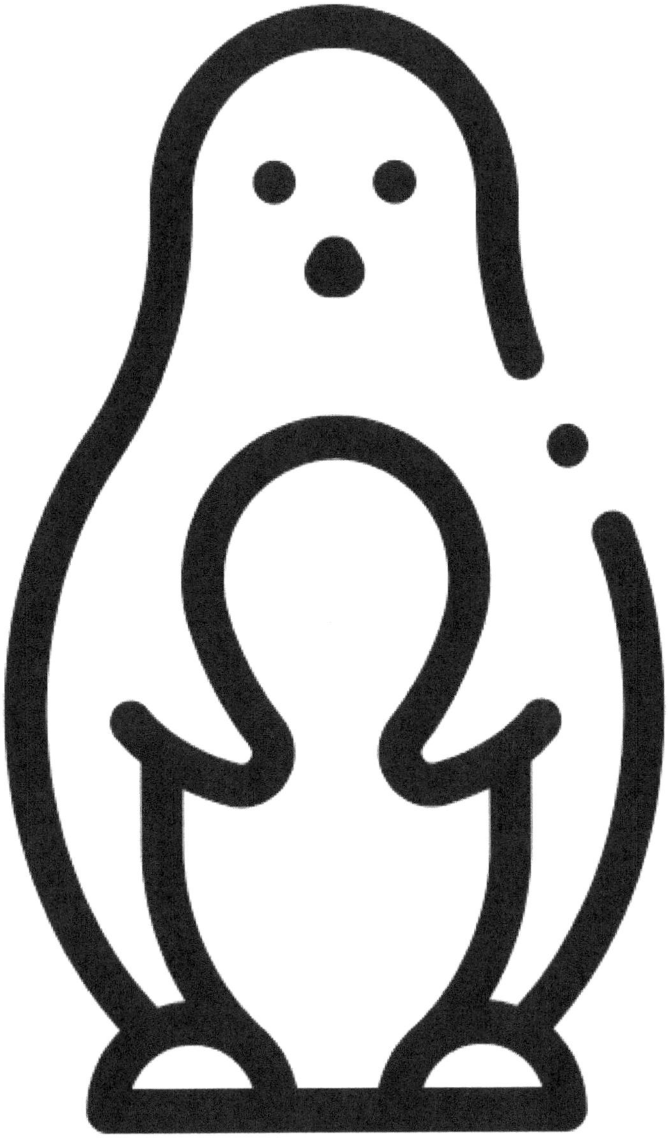

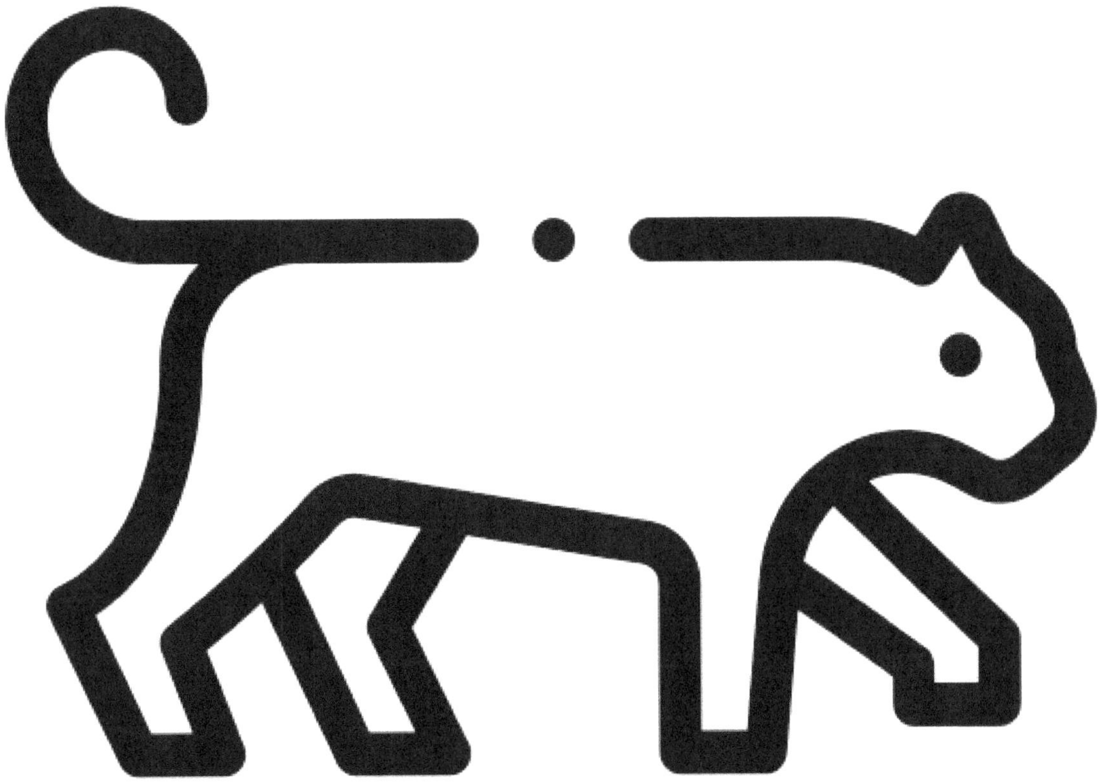

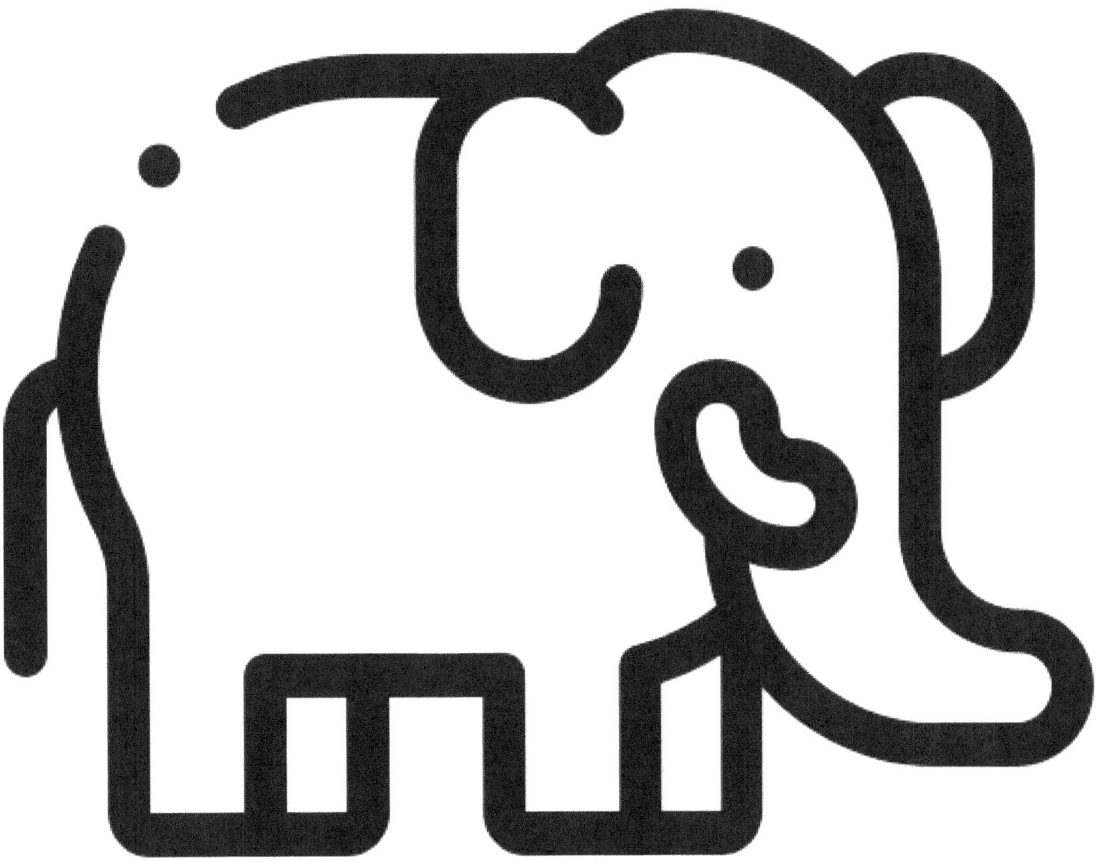

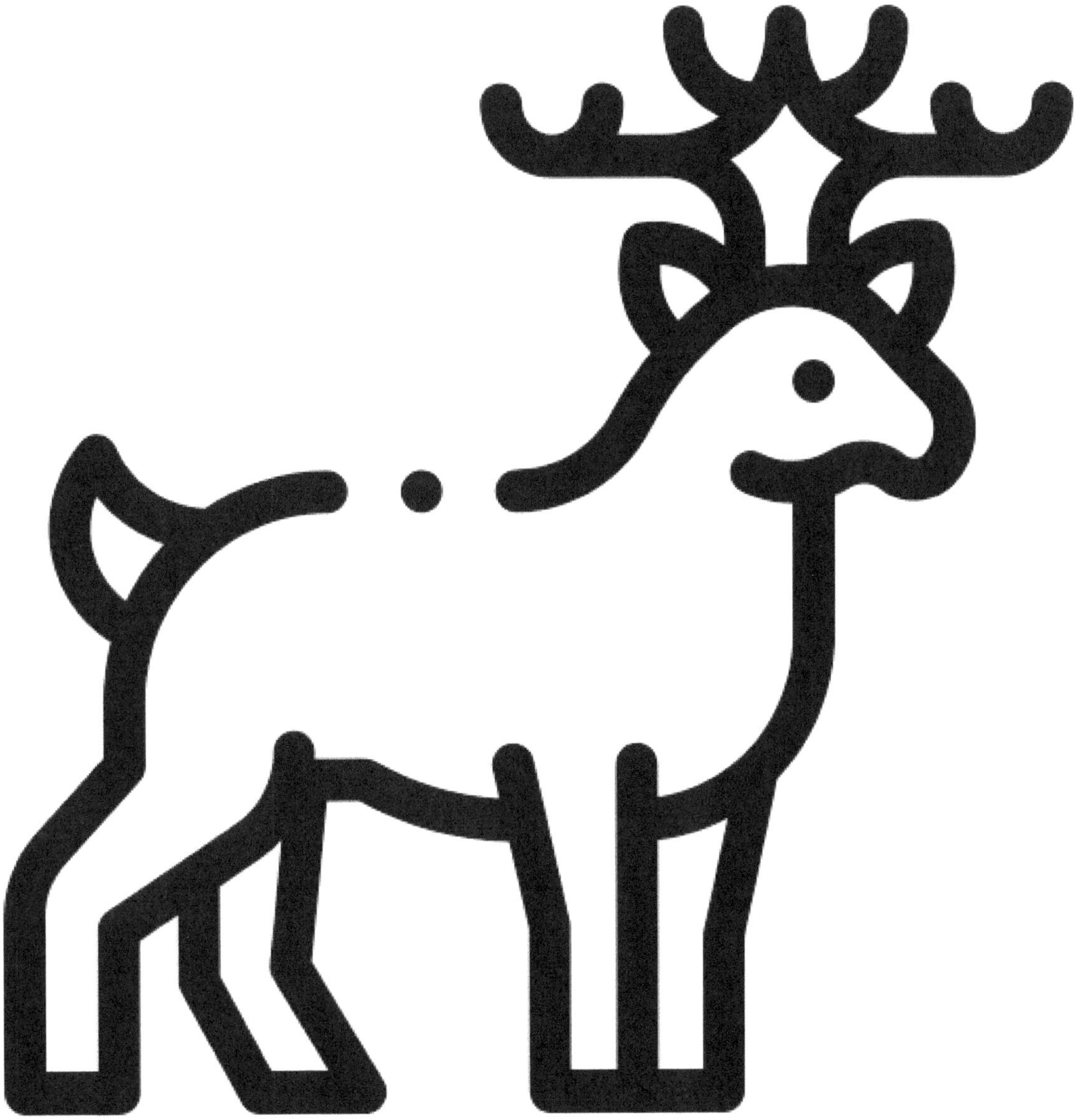

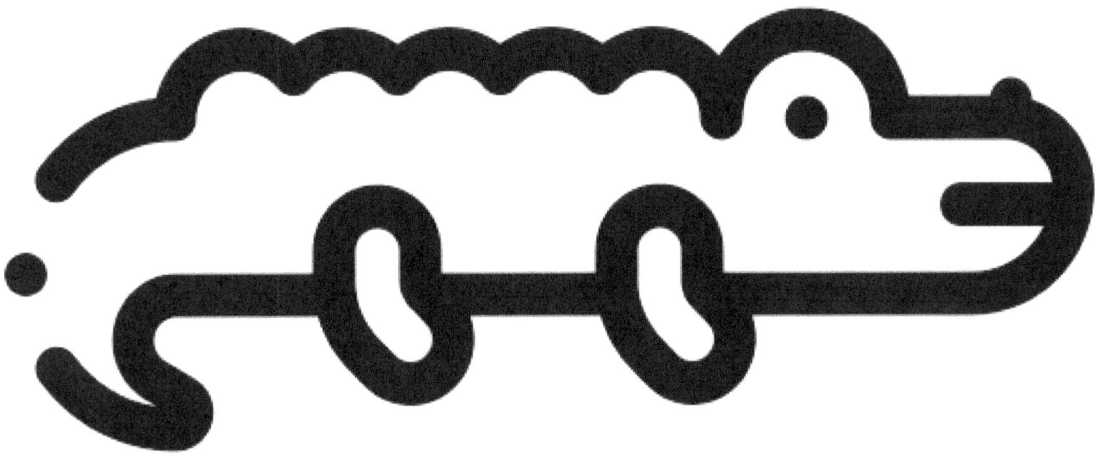

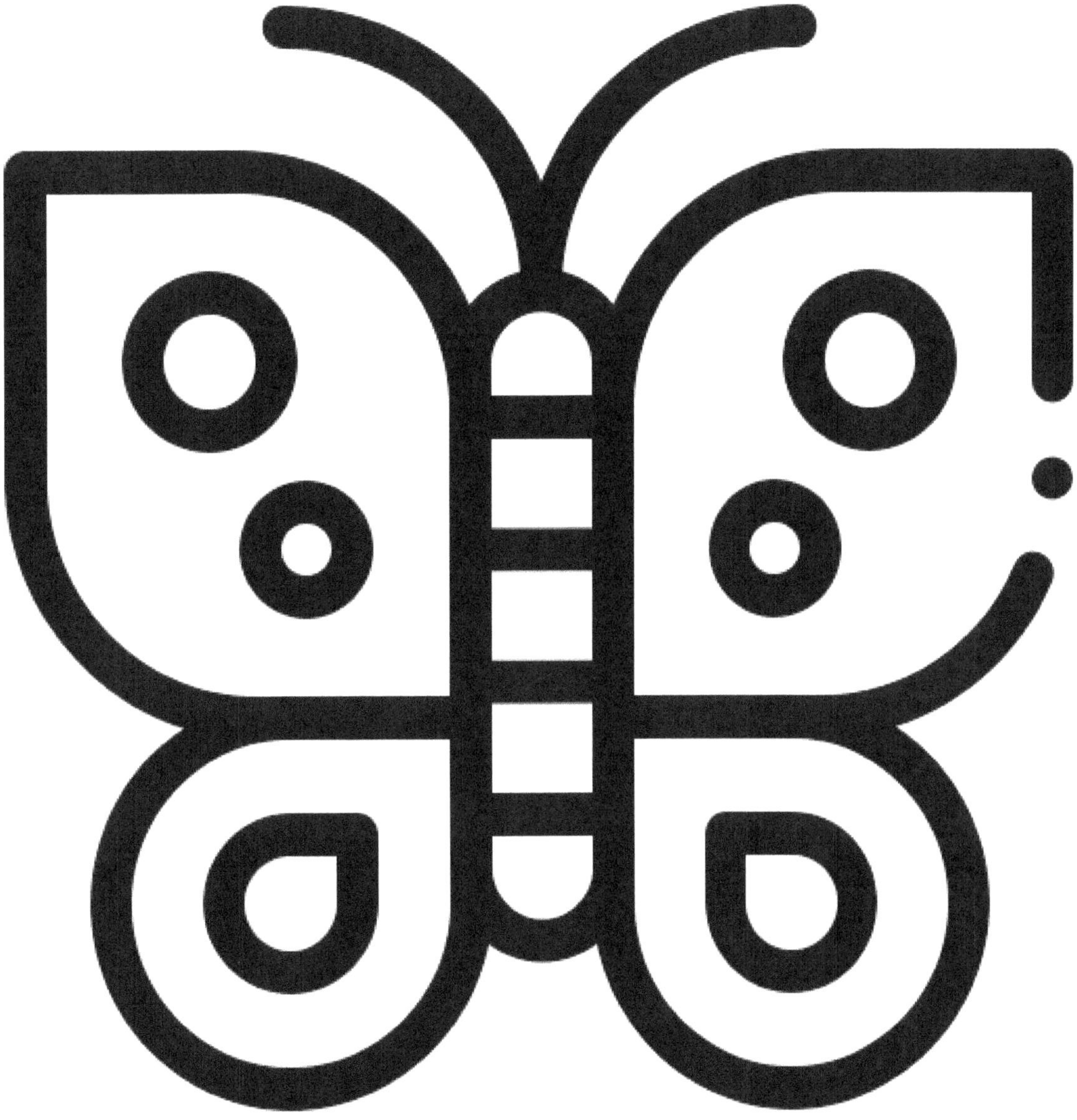

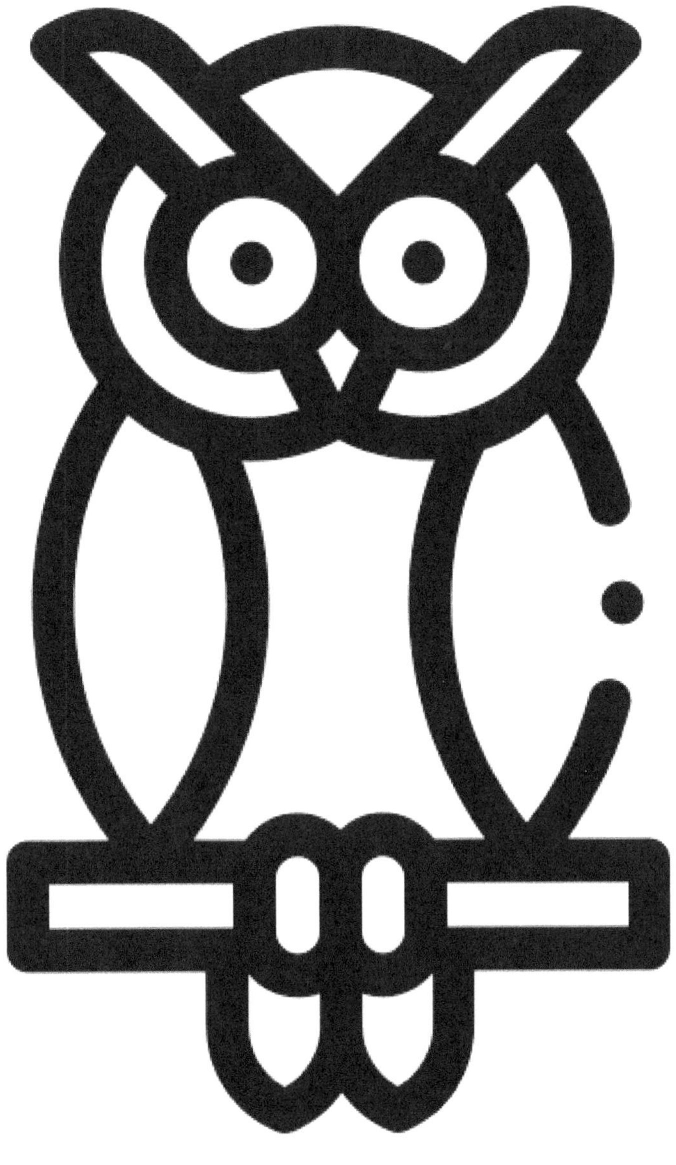

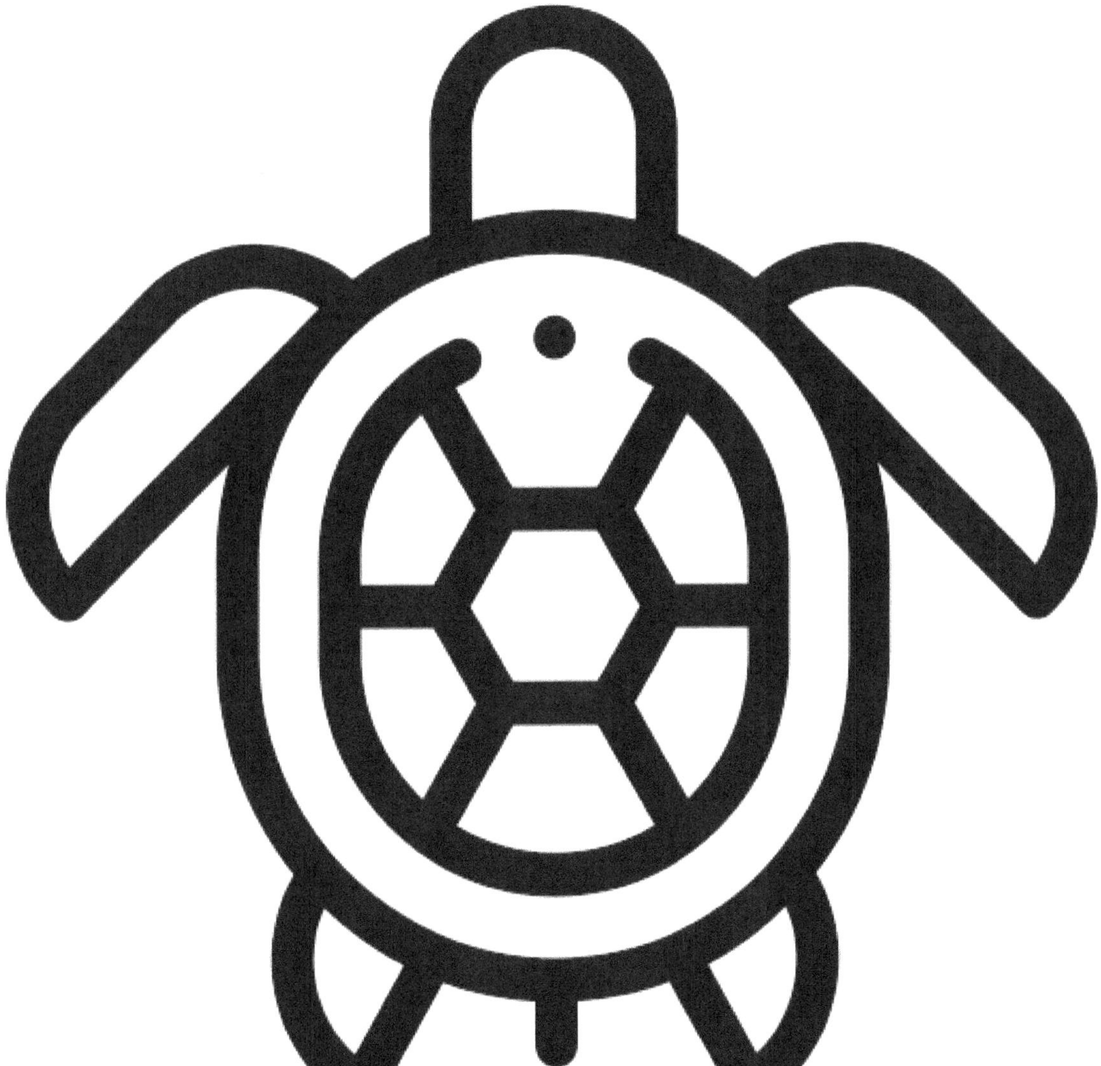

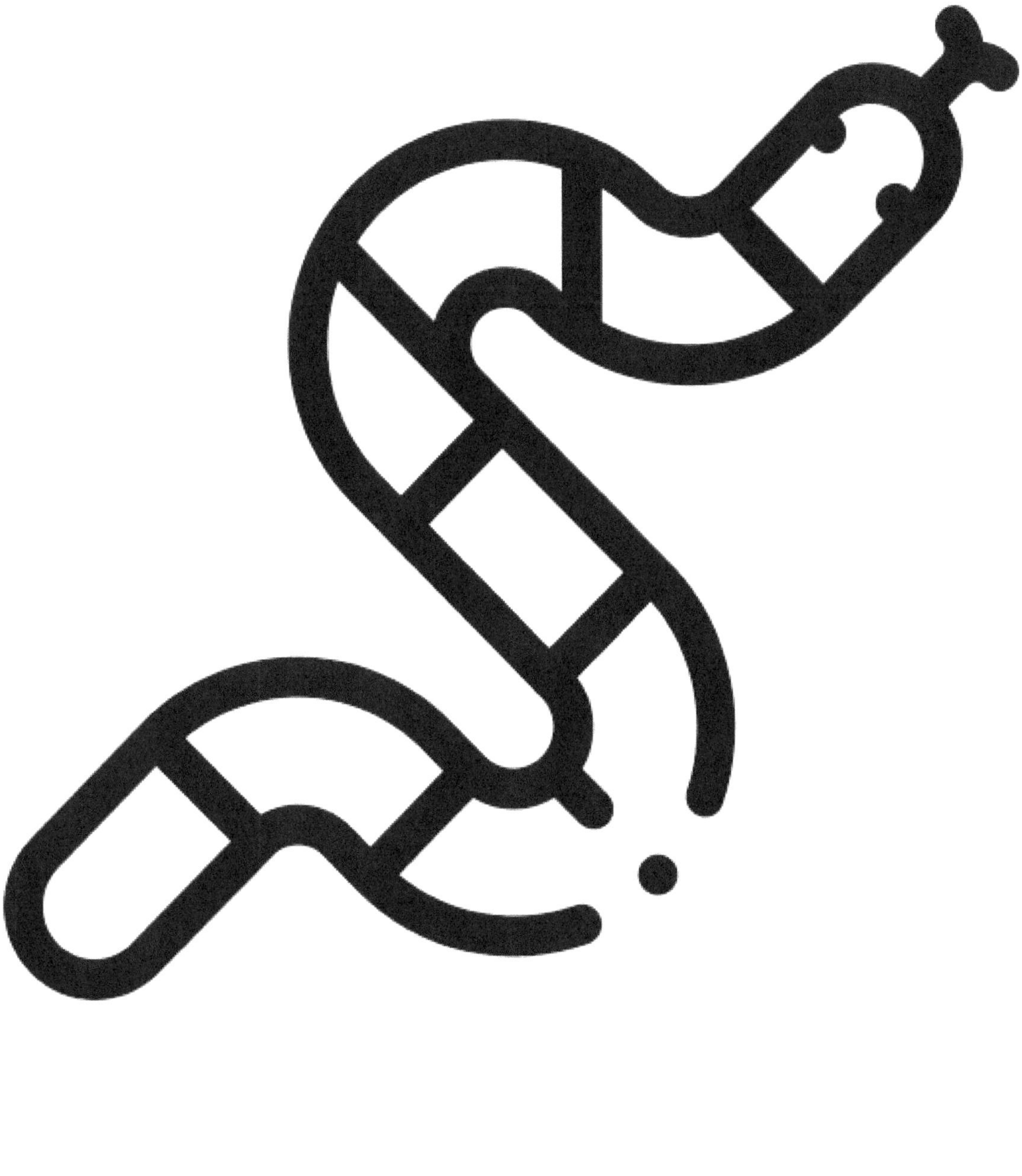

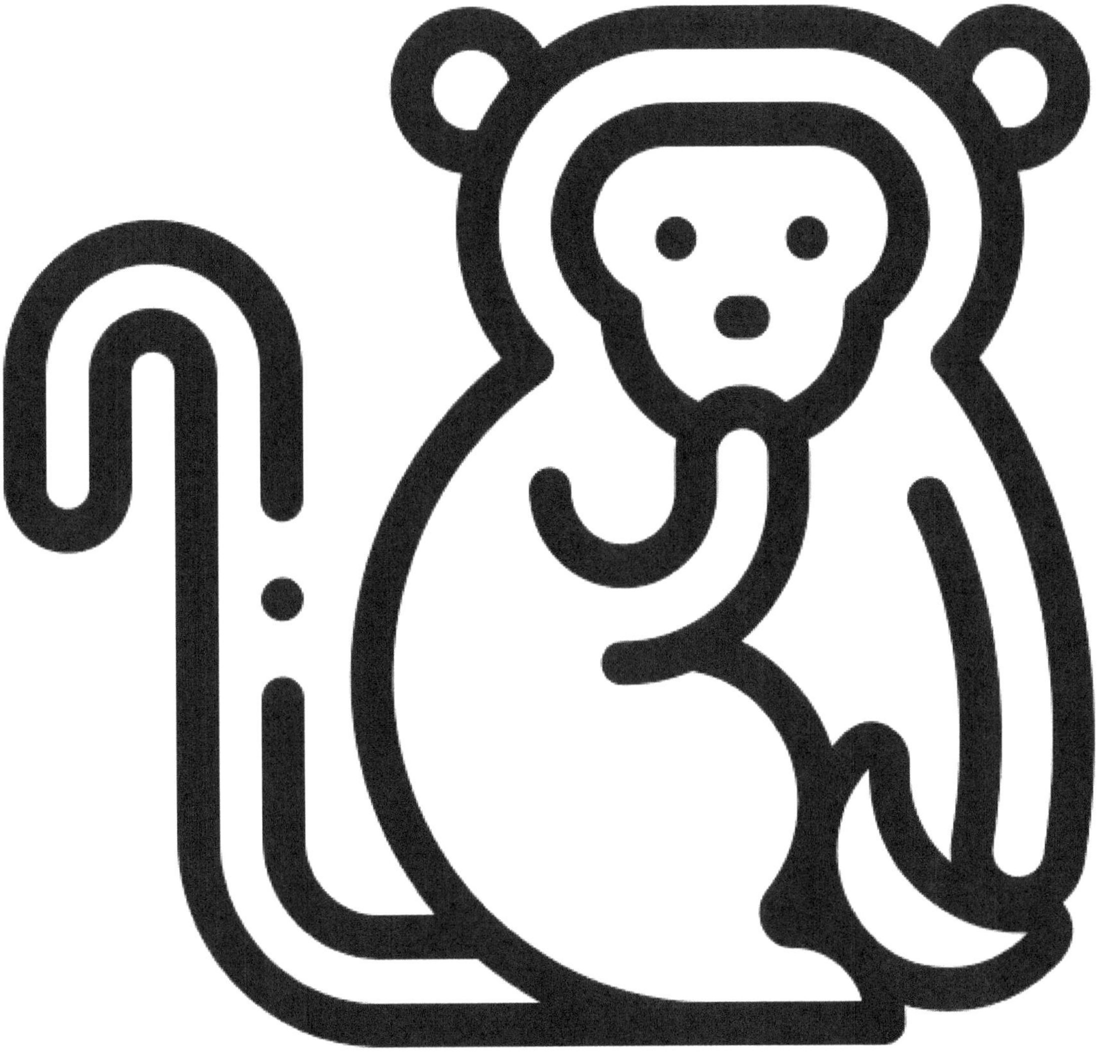

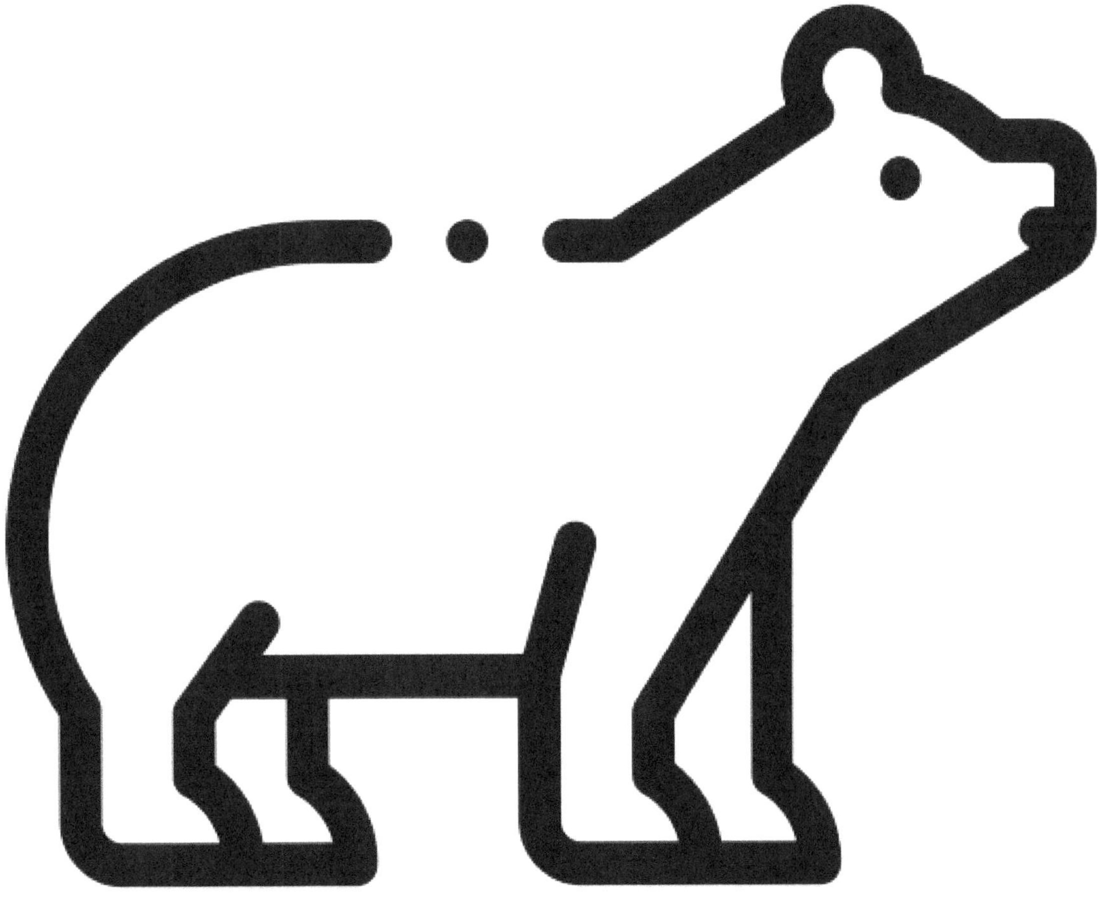

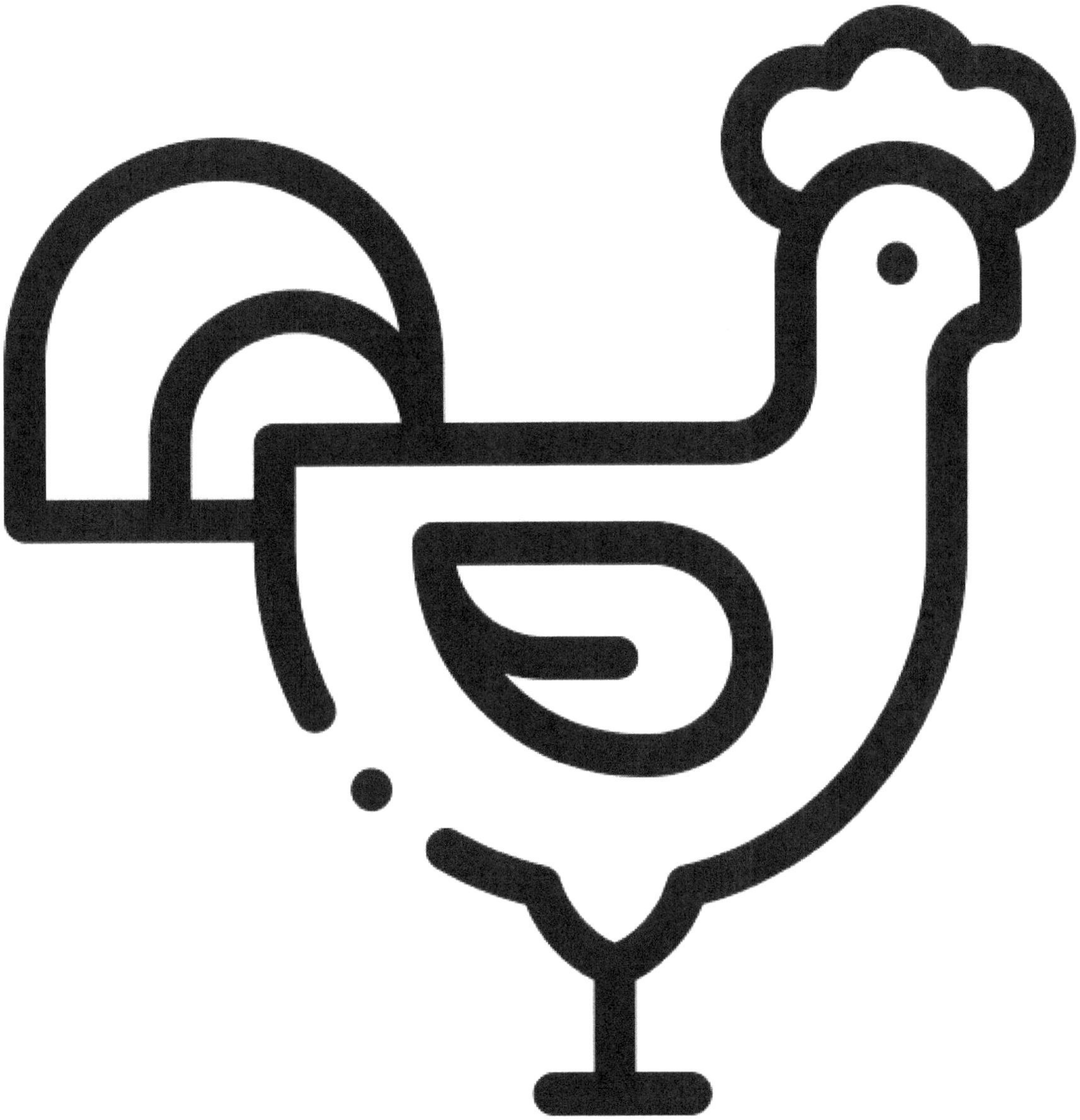

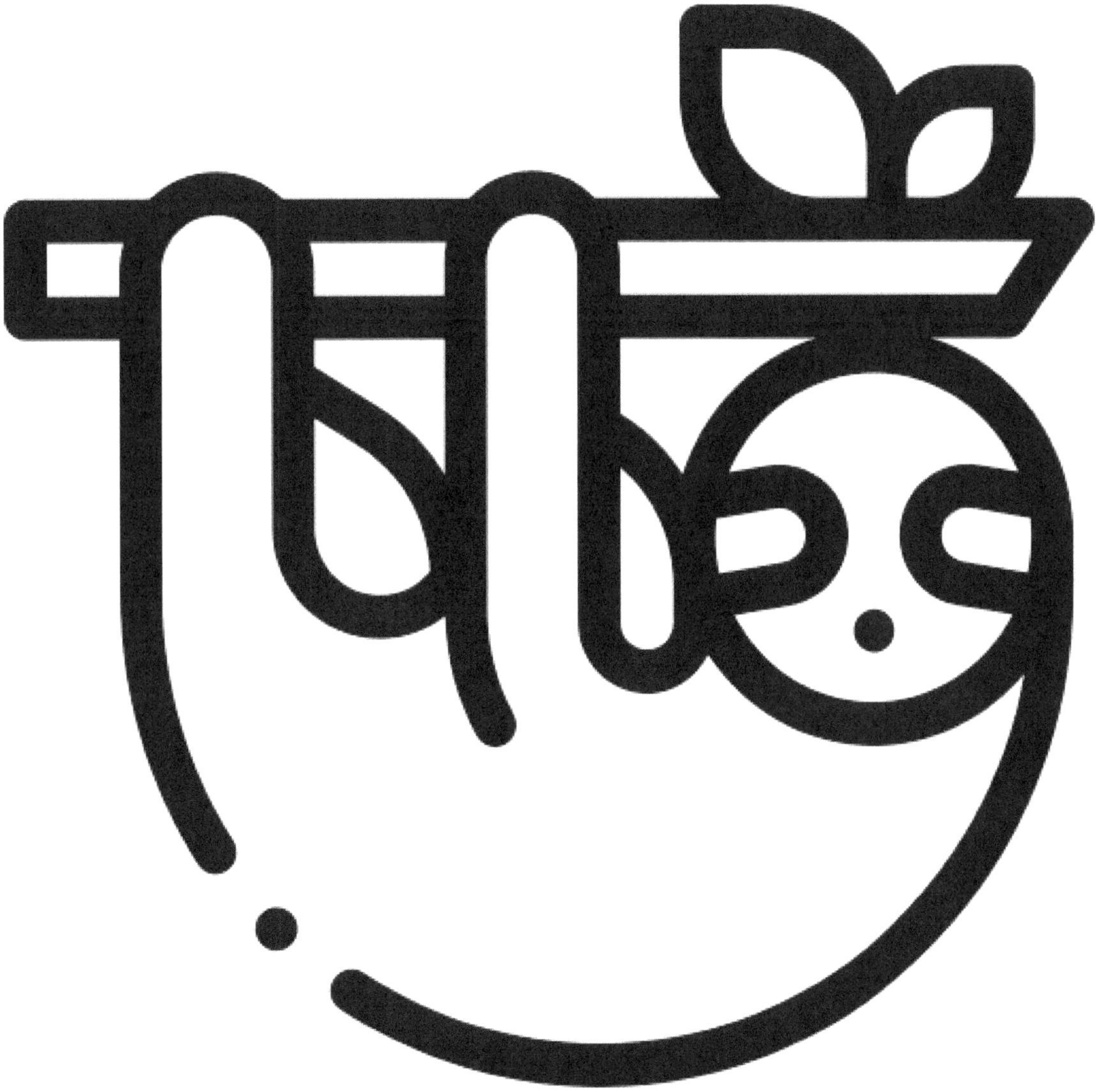

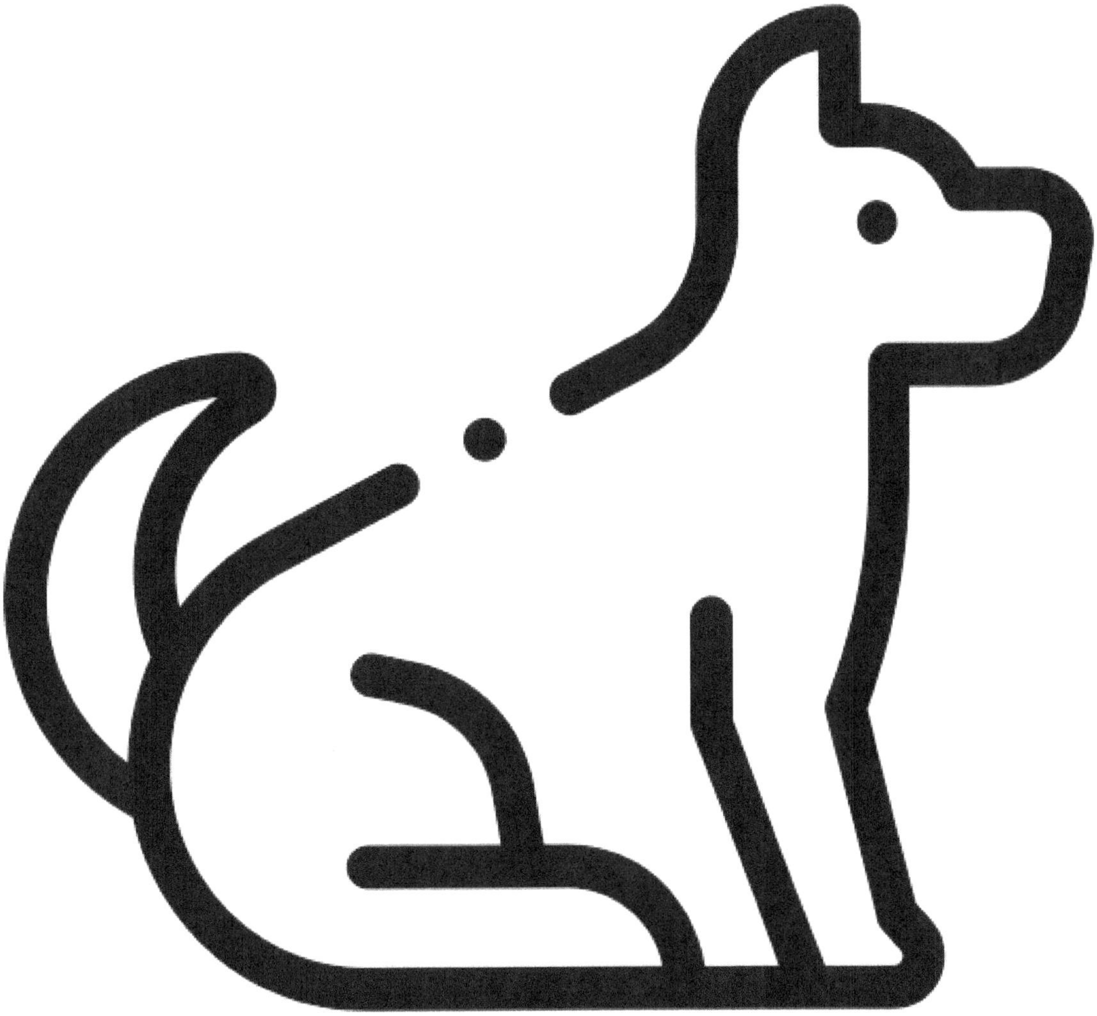

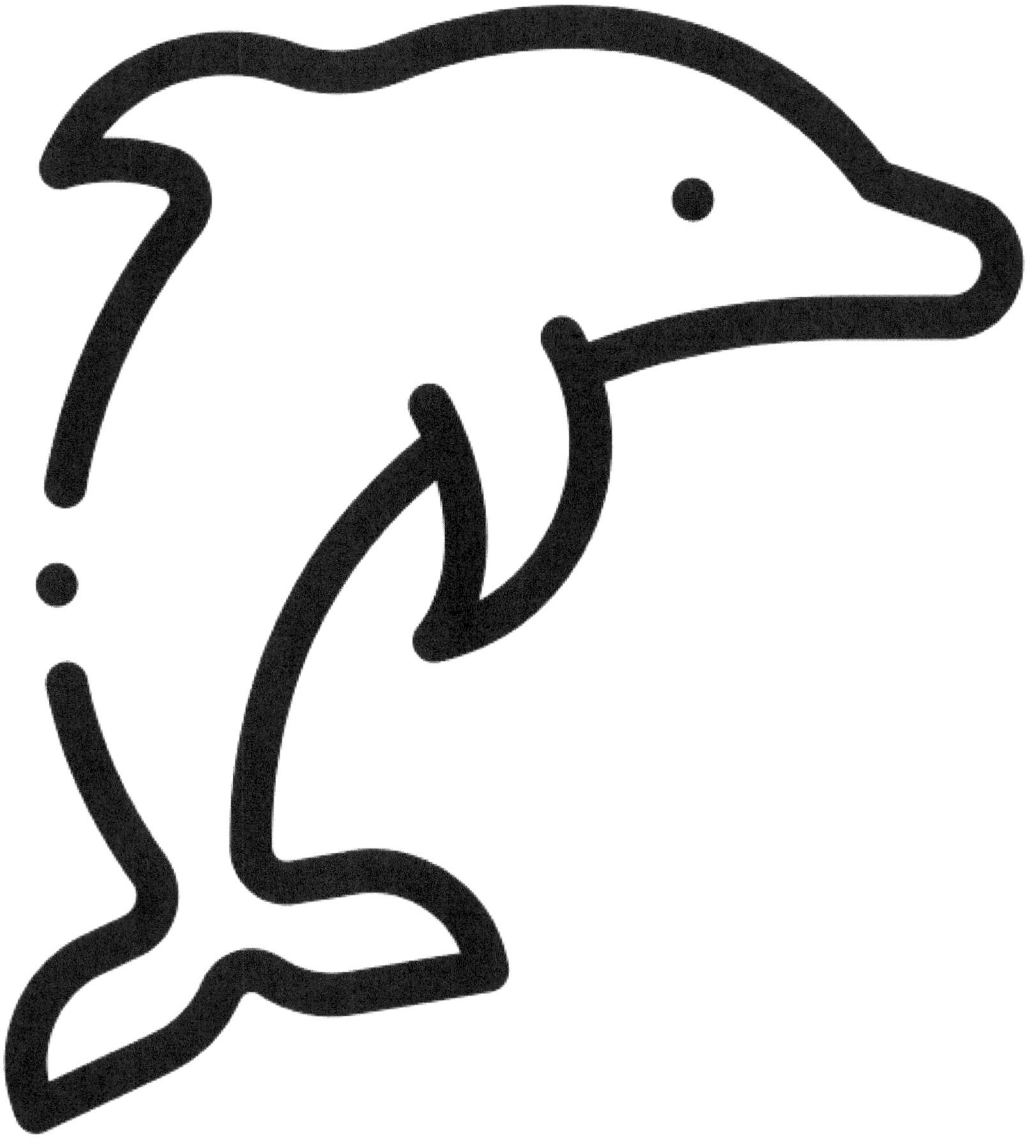

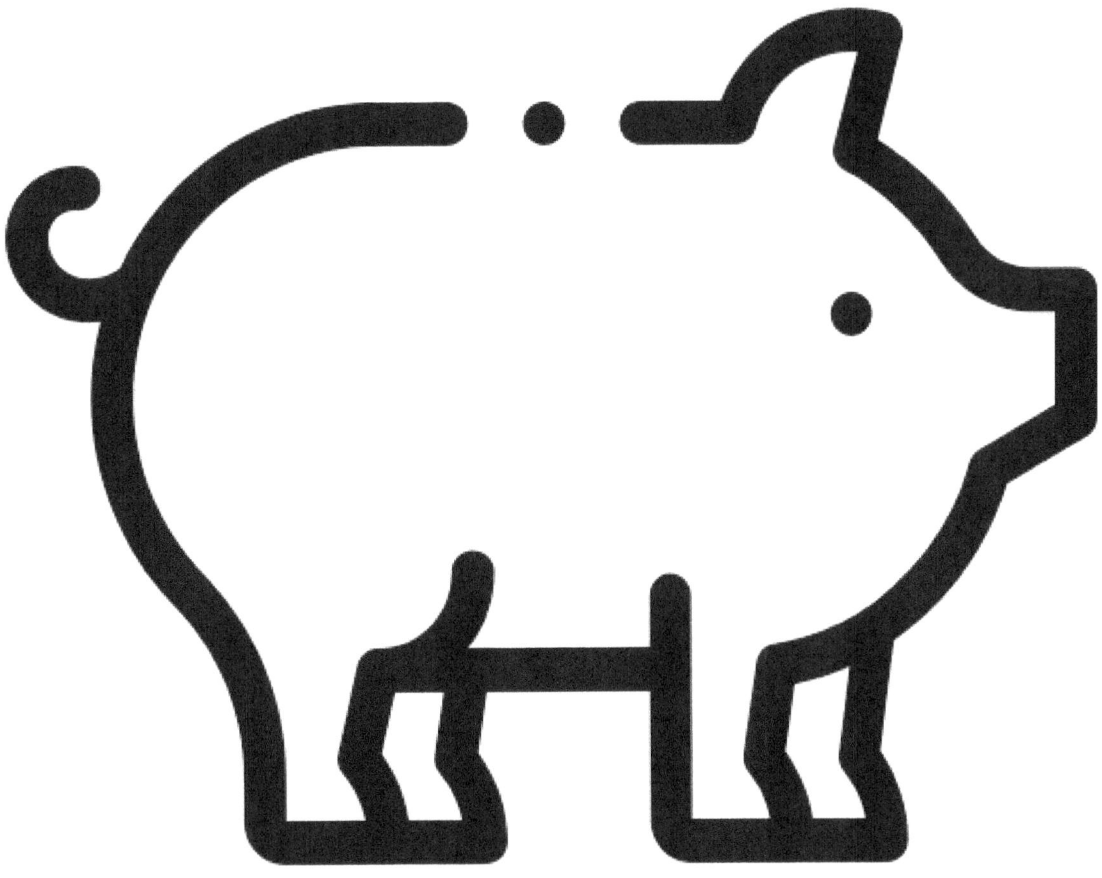

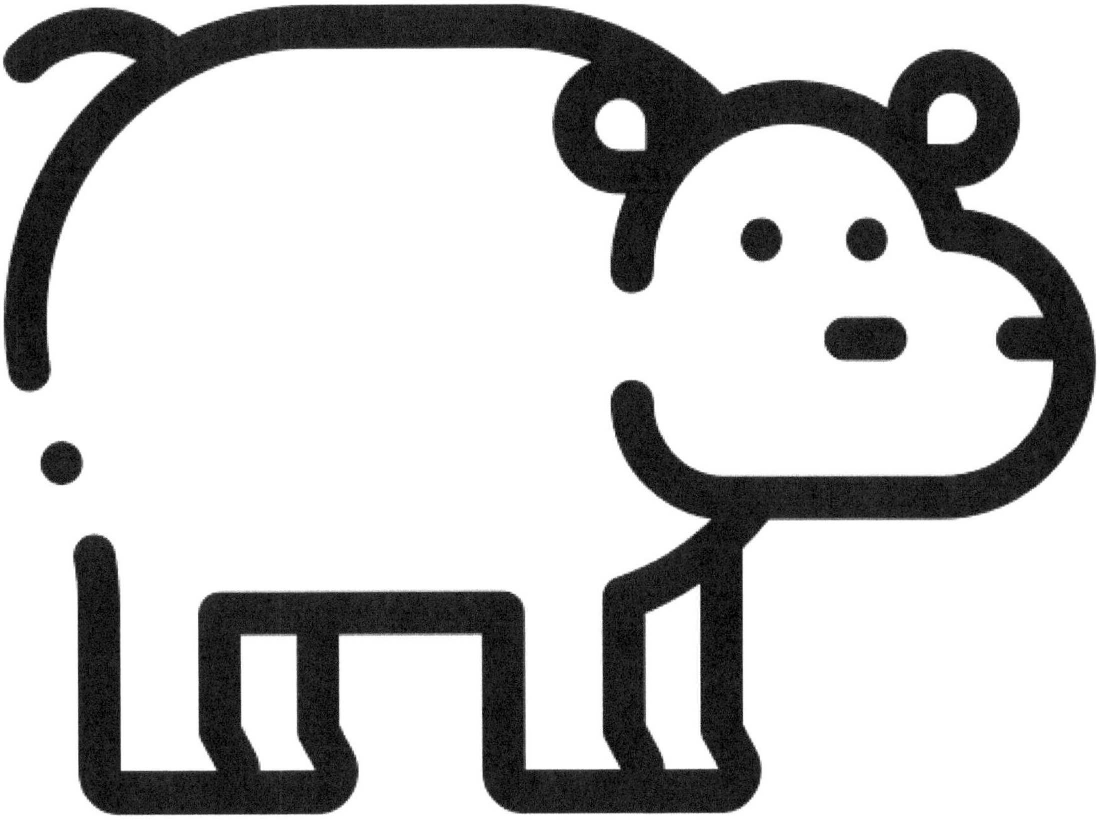

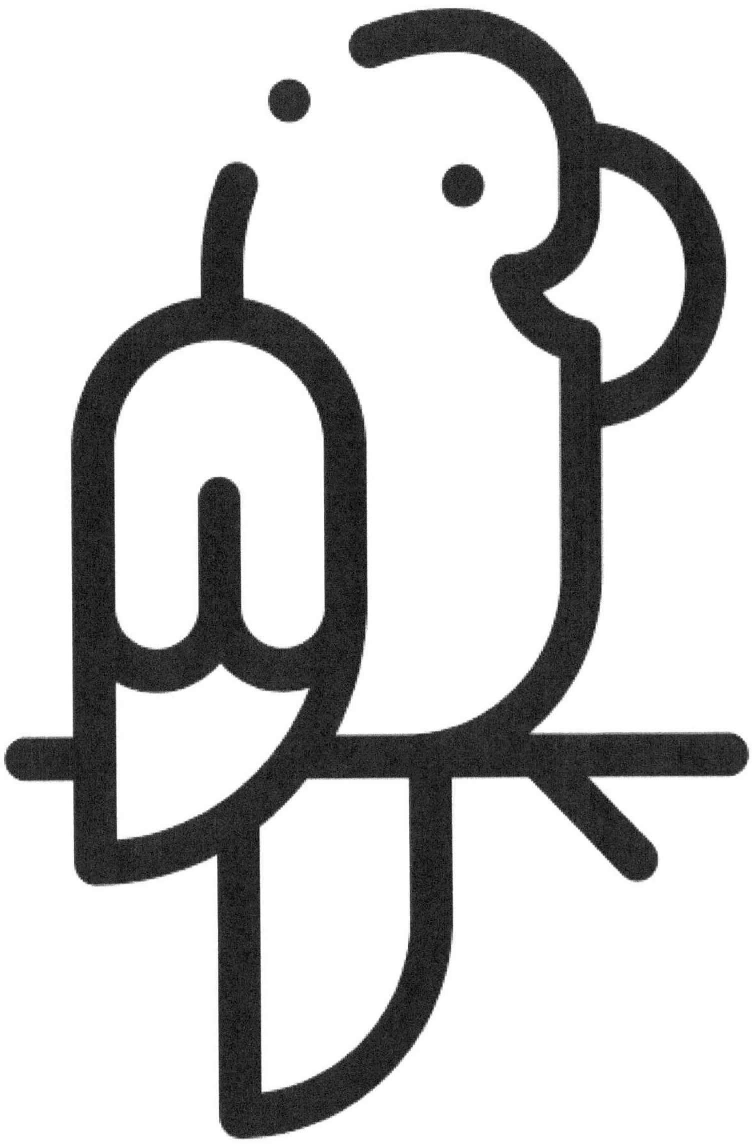

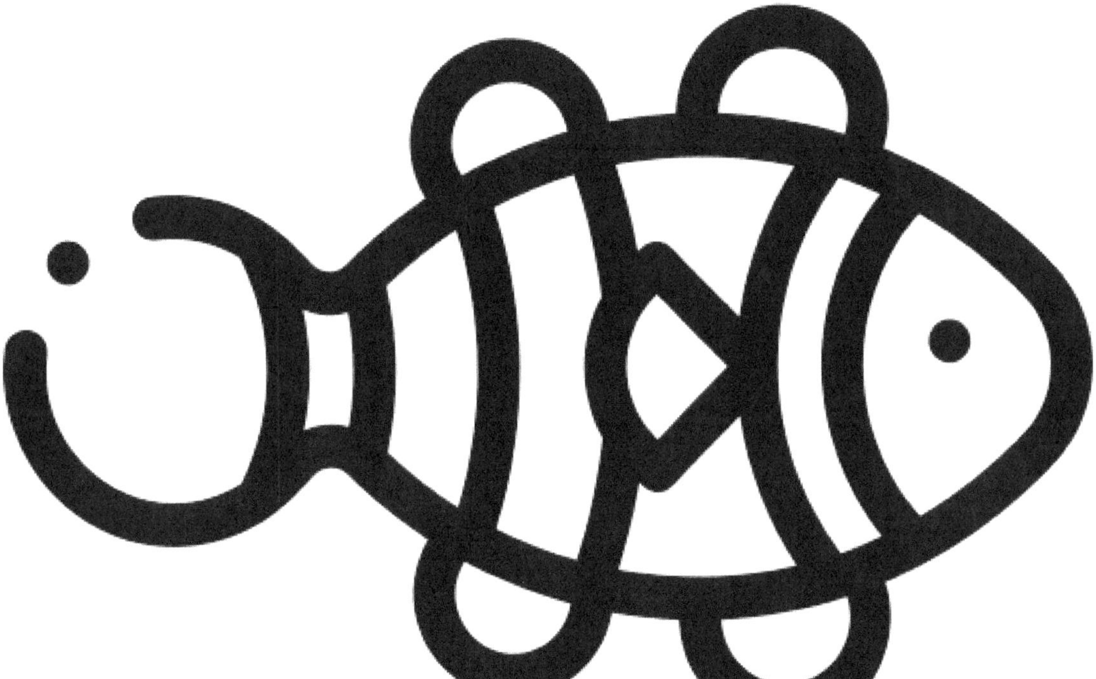

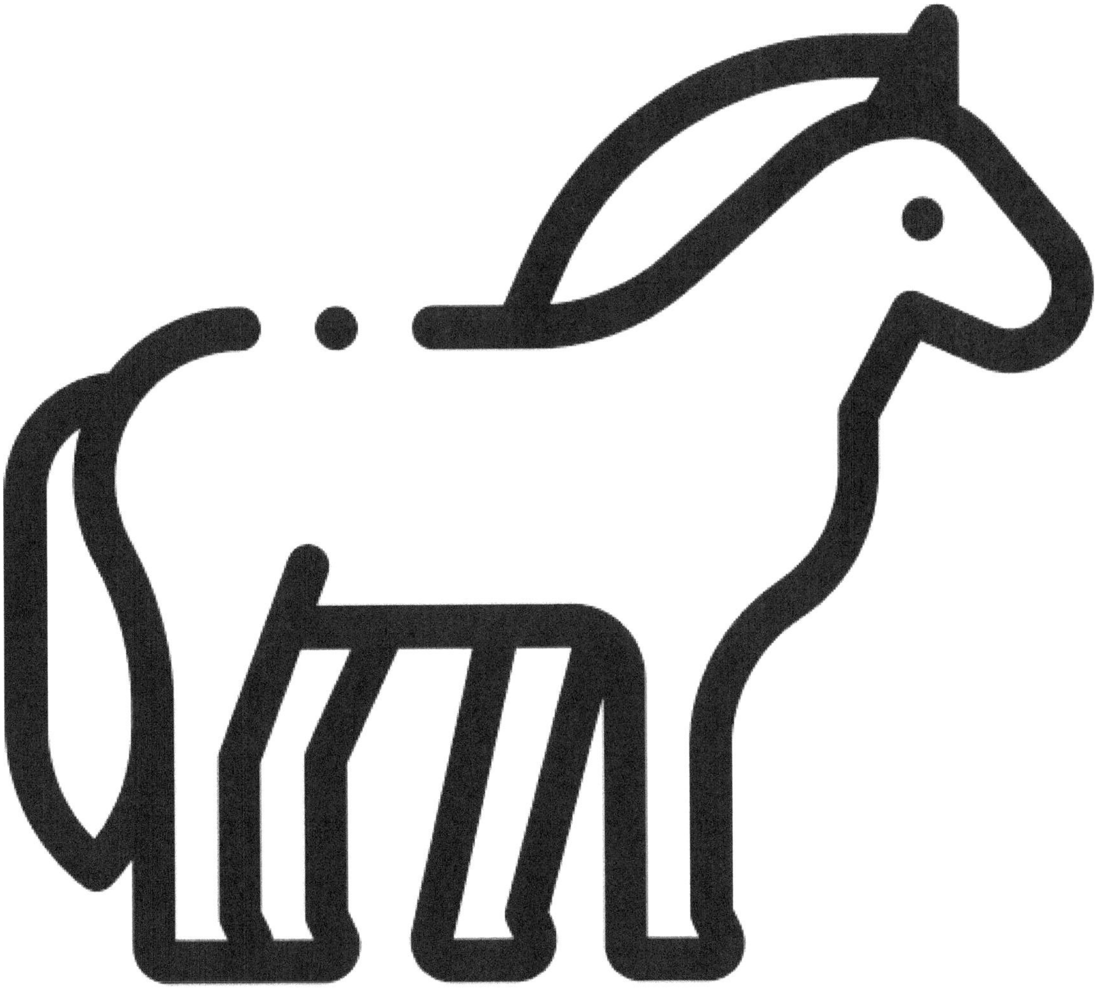

www.ingramcontent.com/pod-product-compliance
Lightning Source LLC
Chambersburg PA
CBHW080849220526
45467CB00008B/2438
* 9 7 9 8 7 0 1 1 0 2 6 8 0 *